世界をわからないものに育てること

加藤典洋
KATO, Norihiro

世界をわからないものに育てること

文学・思想論集

岩波書店

目　次

3．時代の変わり目の指標 ……… 217

装丁＝桂川　潤

1. 災後と文学

もう一つの「0」――『永遠の0』と島尾敏雄、吉田満

1

いまから三七年前、一九七七年の六月六日に、鹿児島県指宿市のはずれの宿で日本軍の特攻作戦に深く関わり、その後その特攻体験について書いた二人の人物が、はじめて相まみえた。一人は海軍兵科三期予備学生出身の島尾敏雄、もう一人は同じく四期予備学生出身の吉田満。戦争が終わってからすでに三二年がたっていた。

それぞれの体験とその後の思いをめぐり、「はるか奄美と沖縄につらなる」海をみおろす部屋で交わされた二人の話は、「薄暮から夜がふけるまで」、長時間に及んだようだ。このときの対話は両者にとってひときわ強い共感と内省を促すものとなったと想像される。しかし二年後、吉田は五六歳の若さで病に倒れ、急逝する。二度目の対話が行われることはなかった。

その夕べから、このときの対話の新編文庫版であるこの本の刊行までの足取りは、こうである。二人の対話は、文藝春秋の編集者中井勝の手で準備され、雑誌『文藝春秋』一九七七年八月号に掲載される。タイトルは「特攻体験と私の戦後」。次にこれを、中央公論社の編集者宮田毬栄が引き取り、対談の「全部を復原し」、吉田の「近くて遠い人」、島尾の「特攻隊体験」という対談後の感想を

ふし、『特攻体験と戦後』の名のもとに単行本で刊行した。これが翌七八年八月のこと。一年後、七九年九月に吉田が亡くなる。その死から二年して、八一年九月に島尾の「解説」を付して刊行されたのが、今回の新編の底本である同題の文庫版である。

日本でまだ総合雑誌が力をもっていたころ。『文藝春秋』と『中央公論』という二大総合誌の出版社の連携プレイがこの希有な対話記録を作った。

このたびの新編は、これに吉田の島尾をめぐる一文「島尾さんとの出会い」を足して第一部としたうえ、新たに、『日本浪曼派批判序説』で知られる戦争体験世代の思想史家、批評家の橋川文三のこの対談への言及、「戦中派とその「時間」」、また思想家の吉本隆明と鶴見俊輔がそれぞれ関わりの深かった島尾敏雄、吉田満(とその死)にふれて記す文章を加えて、第二部としている。

このうち、橋川の一文は八〇年四月に、吉本の文章「戦争世代のおおきな砦」は島尾の死を受けて八六年一一月に、鶴見の文章「戦中派が戦後を生きた道」は二〇〇一年八月に書かれている。

橋川は敗戦から三五年を経過し、いま日本で起こっているのは「時間」の一元化なのではないかと言い、その多元性をとどめる抗いの手がかりを二人の対話のうちに見ている。吉本は島尾の死に際して「頼みとしてきた同年代の砦」が「破られ」、「これからは裸なのだ」と感じたと書く。鶴見は吉田の文章に「敗戦後の魂の成長」があると言い、「会ったのは三度に過ぎないが、われらの世代の最良の人という印象が心にのこっている」と書いた。

戦後、二人の対談まで三二年が過ぎている。また対談後、現在までに三七年という月日が流れている。その時間の堆積が幾重にもわたる腐葉土の層となって私たちの視界をみたす。そのように、この新編は構成されている。

はたしていま、百田尚樹の四二〇万部のベストセラー『永遠の0』を読み、六九年前の特攻、また特攻体験に関心を抱き、その題名に引かれてこの本を手に取る読者がいるとしたばあい、この本と、彼ないし彼女の距離とはどのようなものか。対話の時から現在に、この三二年と三七年の二つの懸隔をどのように橋渡しすることができるか。

あるいは、この対談の七年前、一九七〇年一一月には三島由紀夫が自裁している。その四年前、三島は死んだ特攻隊員たちが二・二六事件の青年将校たちと生霊となって降霊し戦後「人間」となった昭和天皇を糾弾する「英霊の聲」を書いている。その「英霊の聲」から『永遠の0』まで、四〇年余りの「時間」を、特攻体験と戦後を基軸にどのように可視化することができるのか。

生年順に、島尾敏雄（一九一七―八六年）、橋川文三（一九二二―八三年）、鶴見俊輔（一九二二―二〇一五年）、吉田満（一九二三―七九年）、吉本隆明（一九二四―二〇一二年）、三島由紀夫（一九二五―七〇年）。島尾と吉田の対話を第一部とし、第二部に、橋川、吉本、鶴見の関与を加えた新編にはこうした要請に応えようという明らかな意図が見てとれる。その思いを解説者も共有したい。この解説が、そのことを念頭に、若い読者を含めた年齢層の広い読者に向けて書かれることを、まずはじめに断っておきたい。

2

島尾敏雄は小説家。『出発は遂に訪れず』のような特攻体験に材をとった作品、「夢の中での日常」のようなカフカ的な短編、また『死の棘』に代表される妻の病いに寄り添う特異な作品群で知られる。晩年を鹿児島に過ごし、戦後の小説家のうちにあって主流から一歩離れた独自の地歩を占めるが、その理由は、戦争世代のなかでも特異な南洋の島における一年余に及ぶ特攻隊隊長としての戦争体験とその後に書かれた小説の強烈な落差にあった。つまり彼は特異な戦争体験のため他の戦後文学者たちと異なっていたけれども、他方特異な作品のあり方によって他の戦争体験者からも孤立していたのである。

その孤絶したあり方を通して、戦後の代表的な思想家である吉本隆明は、同時代者のなかにあってこの島尾を、もっとも信頼し、自分に身近な存在と感じていた。

『死の棘』は、特攻隊隊長として過ごした奄美の加計呂麻島で村の長老の娘として出会い、結婚した妻とのその後の（作者自身の浮気をきっかけとする）凄惨な日々を一種突き放した非私小説的なナラティブのもとに綴る。それを原作とした小栗康平の映画がカンヌで審査員グランプリをとり、末次エリザーベトによるフランス語訳が二〇一三年度の小西国際交流財団日仏翻訳文学賞を受賞しているが、亡くなる数日前、私が吉本さんの病室に寄らせていただいたとき、机上に一冊だけおいてあったのがその仏語訳だった。

吉本ともう一人の代表的な戦後の哲学者である鶴見俊輔に関しても、忘れられない思い出がある。文中に出てくるように鶴見は一九七九年の晩秋、カナダの大学の客員教授としてモントリオールの地にあった。そこで私は偶然、隣りの大学の研究所の図書館員としてその授業を聴講させてもらったが、ある日、講義の途上、鶴見が新聞で吉田満の訃報を知ったと述べ、沈痛な面持ちを浮かべたまま、しばらく黒板の前で動かなかったことを覚えている。もう雪がちらついているような晩秋の午後。そのときはよくわからなかったが、それが「戦後」というものが人間の顔をして私にやってきた最初のシーンだった。

吉田は副電測士として戦艦大和の沖縄突入作戦に参加、生き残って敗戦の直後のある日、起筆し、わずか一夜で戦艦大和の激闘を漢文脈の文語体のもとに一個の戦記に描く。小林秀雄らが刊行に動いたが、完全な形で世に出るのは講和成立まで待たなければならなかった。

対話に語られているように、吉田は死地から生還後、再び特攻隊の勤務を希望している。復員後、日本銀行に入行、青森支店長、国庫局長、監査役を務め、その傍ら、大和をめぐるいくつかの忘れがたい作品を残した。一九五〇年に事故でサイダー瓶を右目に破裂させ、失明しているが、その経緯は鶴見の文が引く吉田のエッセイに詳しい。同年代の鶴見とも、微妙な考え方、姿勢の違いをめぐり、死の約一年前、七八年八月に火花の散るような対談を行っている（「「戦後」が失ったもの」）。そのころは「戦後」とともに「戦争」もまた人間として生きていた。言葉にならないものが、その言葉を生かしていたのである。

その後、私は、それぞれに別の経路で、吉本隆明と鶴見俊輔の両氏に個人的な知遇を得る幸運に浴す。吉本宅に幾度かお邪魔する一方、鶴見とも雑誌の編集委員会などでほぼ定期的に顔をあわせ、謦咳に接した。戦後の思想家、もの書きとして、とても自分には及びもつかない人間の大きさ、深さを目の当たりにし、思想を測る尺度、ものさしをもらったという思いが強いが、こうした戦争をめぐる同世代間の関わりのなかで、吉本、鶴見という戦後のもっとも力ある思想家二人が、それぞれにただならない自分の戦争体験の核心にふれる同時代人と認めた相手が、島尾であり、吉田であり、そしてその両者をつなぐ位置をなしたのが、特攻体験だったのである。

3

私から見てのこの対話の読みどころは、二人の特攻体験の受けとめ方の違いのうちにある。

島尾は二六歳という年で、四三年、大学を繰り上げ卒業の後、海軍予備学生を志願し、四四年一〇月、一八〇名ほどの部隊を率いて加計呂麻島呑之浦へ赴く。その後、約一〇か月間、日々訓練を重ねながら出撃命令を待ち、とうとう四五年八月一三日夕刻、出撃命令を受けるが、待機したまま終戦となる。

吉田満は二〇歳という年に、四三年末、学徒出陣で海軍に入り、四四年末から「大和」に配属、四五年四月の沖縄特攻作戦に参加、乗組員三千余名中生還者二七六名という、戦史にも類のない過酷な特攻海戦をくぐり、奇蹟的に生還する。

島尾と吉田を比べると、その特攻体験には、大きく色あいの違いがある。島尾は吉田よりも六歳の年長だが、違いは年齢より、その特攻体験の隔たり、生き方、考え方、人となりの違いからくる。

特攻体験の隔たりとは、島尾の特攻隊体験のなかでは結局誰ひとりの死者もでなかったのに対し、吉田の特攻体験のほうは、夥しい「死んだ仲間」にみちていたことである。

そのため、島尾の体験は、なかなか言葉にならない個人的なものとなった。反面、吉田の体験は、誰にも受け入れられやすい分、逆にむしろ個人的な色あいが、受けとられにくいものとなった。

島尾は、対談で顔を合わせるまで、世評高い吉田の『戦艦大和ノ最期』を読もうとしなかった。彼は、作者は「海軍兵学校出身の少壮士官」なのではないかと考えた。兵学校出身者と一般学校をへた予備学生出身者のあいだには軍民のあいだにも重なる気風の違いがあるといわれている。「戦後すぐの頃は、そのこと（特攻隊の体験——引用者）を余り話したくなかったし、考えたくもなかった。たとえそうしなければならないときも、別に取り立てて口にすることではないと思っていた」。そんな島尾に、敗戦からほどないある日、一気に伝説的な戦記を書き、復員後、日銀に入行して実直に戦後日本の復興を支えてきた吉田の姿が、まぶしいような、一途すぎる存在と見えたとしても、不思議ではない。

自分の特攻隊体験など全く口にしない方がいい、と一人の自分は思っている。それなのにもう一人の自分は、求められるままにそのことを語ってきた。語ったあとはいつも甚しい空しさに襲われるのに。事柄のすさまじいおかしさにくらべて、私の言葉はまるで上調子だ。核心は衝くことができずに、饒舌な言葉のむくろを口からはき散らす。もう語るまいと思いつつ、ついしゃべってしまうことになった。一つには口をつぐむも開くも所詮たいしてちがいはあるまいという思いがあるだけでなく、その空しさの中に自分を投げ入れることによって、更に何かがわかってくるのではないか、というはかない期待があったからと思う。

（「特攻隊体験」）

こう記す島尾は、特攻体験というものの深さ、わからなさ、恐ろしさを、通じるものには通じる目立たない仕方で、私たちに語り伝えている。

しかし、その島尾が、対談することになって吉田の『戦艦大和ノ最期』を読んでみたら、「全く圧倒されてしまった」。彼は続けている。この書き物を、「屹立した一箇の事件の全貌が過不足なく簡潔に描き尽された作品」と感じ、「無条件に脱帽する気持に傾いた」。「対談の直前に、相手の仕事にこのような感応の状態でもって出かけて行けたのは」「誠に幸福であった」。「それに加わるに彼の好ましい人柄も手伝って、あとあとまでも快い印象の残る対談をなし終えることができた」。

吉田は、むろん海軍兵学校出身ではない。東大法学部から学徒出陣したリベラルなエリートである。ではなぜ、そういう人間が、『戦艦大和ノ最期』のような、島尾をして圧倒的な「表現の力強さ」、「確乎とした動かし移すことのできぬ戦争絵巻」とまで言わしめる作品を一夜にして書くことになったのか。

対談のなか、対談後の感想のなか、吉田から通奏低音のように聞こえてくるのは、エリート臭の対極をなす、自分は誰とも少しも変わらない、平均的、平凡な、ふつうの人間だ、という一種激烈な声である。むしろ、島尾のような特異な文学者を前にしていわれる、私はただの人間だ、俗世界の人間だ、という声が、なぜか激しく私たちを撲つ。吉田は言う。自分にとって島尾は「遠く仰ぎ見る」存在だった。しかしそれは、特攻体験を通じて、彼を「きわめて身近な」存在のはずだと感じてきたせいだ。とはいえ、むろん島尾は純文学の世界の住人であり、特異な、例外的な人である。それに対し、

わたしは平均的な学徒兵であり、平凡な戦士であった。太平洋戦争末期に戦場にかり出された無数の青年のなかの、ごく目立たぬ一人であった。ただ、あたえられた経験が、特異だったに過ぎない。一つの時代、一つの民族を象徴する悲劇的な体験が、課せられたのである。

（「近くて遠い人」）

誰もが、ぎりぎりのところで、とてつもなく大きな力になぎ倒されるとき、その平凡が、普遍さの岩盤となる、とでもいうような声が、ここには響いてくる。吉田は、心深く、どのような人間もがこういう目に遭えば、こう感じざるをえないという普遍性、動かしがたさに、自分は平凡さの自覚の底で出会った、とここで語っているかのようだ。それが、彼に、一夜、『戦艦大和ノ最期』という記録を書かせたものなのだろう。またそれが、「彼の好ましい人柄」と「あとあとまでも快い印象」と島尾の評する、吉田の特攻体験を生かした、素直な魂の淵源ではないだろうか。

ここには収録されていないが、リベラルな知識人である鶴見との対談でも、吉田は鶴見を前に堅固に「ふつうの日本の一般市民」として抵抗している、という印象を私は受けた。それと同じく、ここ、島尾の前でも、自分は「平均的な一般人」だという徹底した自覚が吉田を非凡な存在とさせ、島尾の

前に坐らせている。

4

若い人が読めば、この二人の話には、もう何が言われているのか、意味がわからない、というようなところも多いはずである。しかし、もしそういう個所にぶつかったなら、その「わからなさ」を嚙みしめることが、必要でもあれば、期待もされることである。戦争が終わり、三二年後に語られた特攻体験が、さらに三七年をへて、「わかりやすい」はずがあるものか。そうなら、「わかる」ことなんて、なんとつまらぬことか。そう私たちは言うべきだ。

島尾　(前略)しかし、戦争というのは、ほんとうに、ぼくは虚しいと思うね。そして、特攻というのも、そのような戦争の中での一つのやり方だとは思うけれども、やはりぼくは、ちょっとルールがどこかはずれているような気がするね。人間世界では戦争は仮に致しかたないとしても、せいぜいスポーツみたいなところでとどめておくべきですね。特攻は、もうとにかく、最後のところまで、なんというかね……そうじゃなくもっと気楽に……戦争を気楽にするというのもおかしなもんだけども……。最後のものまで否定してしまわないで……。

吉田　(前略)(死ぬ確率と生きる確率のあいだには適正配分があるものだが——引用者)……特攻というのは、そういう原則を破るものですね。だから、みんなやむを得ず、無理をしてその中をくぐりぬ

けるわけでしょう。（後略）

島尾　あれをくぐると歪んじゃうんですね。

吉田　歪まないとくぐれないようなところがありますね。

こうしたやりとりがあり、これに吉田が、自分たちの学徒出陣組にはこの歪みを「自分たちに課せられたものとして受け入れて、その中からなにかを引き出すほかはないというような」「追い詰められた、受け身の感じ」があった、と言うと、これに対して、島尾のこんな言葉が続く。

島尾　（前略）だから、そういう一見美しく見えるものをつくるために、やはり歪みをくぐりぬけることが必要というふうなことになると、ぼくはやはりどこか間違っているんじゃないか、という気がしますね。ほんとうはその中にいやなものが出てくるんだけれど、ああいう極限にはときには実にきれいなものも出てくるんですね。そこがちょっと怖いような気がしますね。

5

さて、私は、この本を読んだ後、百田尚樹の『永遠の0』という特攻隊の祖父の生き方を孫が探る物語を買い求め、読んでみた。

そして、この特攻隊の物語は、この本の隣に置くなら、なかなかに心を動かす、意外に強力な作品と、そう受けとめるほうがよいのではないかと感じた。

著者の百田は、「特攻を美化している」あるいは「戦争賛美」との批判に対し、インターネットのSNSで、自分はこの作品で「特攻を断固否定した」、「戦争を肯定したことは一度もない」と述べている。映画『永遠の0』の監督との対談でも、この小説のテーマは「生きるということ」と「戦争を風化させないこと」だと語り、監督もこれに原作は左右のいずれのイデオロギーにも「全然傾いていない」と同意している。また百田は、「できるだけイデオロギーを入れなかった」とも語っている（「百田尚樹×山崎貴 幸せって何だろう」朝日新聞デジタル、二〇一三年一二月三〇日）。

それらを、言葉通りに受けとめるべきなのだ、と。

これに対し、この本の島尾と吉田は、多く特攻についてわかりにくいことを語っている。たとえば「一度この身につけると」「特攻というしるし」は「取れない」、と。その島尾の言葉を吉田は、大和の戦闘から生還した自分が再び特攻勤務を志願したことに重ねて、対談の後、思い出している。こうした二人の言葉を、この現代のベストセラー小説の脇に置いてみよう。

すると見えてくるのは、次のようなことである。

ここで注意をひくのは、「できるだけイデオロギーを入れない」で「生きること」と「戦争を風化させないこと」をテーマに特攻体験者の物語を書き、事実多くの人を感動させた百田が、同時に、「南京虐殺はなかった」と述べ、「憲法改正と軍隊創設」を主張するウルトラな右翼思想の持ち主でもありえている、ということである。

これまでこういうことはなかった。とすればこれは新しい現象だと受けとったほうがよい。

『永遠の０』は二〇〇六年の刊行であり、ベストセラーへの発火までに数年がかかっている。しかしこの間、著者の考えが変わったというわけではない。現に著者は、この作品を「特攻を否定」し「戦争を肯定」せず、「イデオロギーを入れ」ずに書いたと述べ、その口で、自分の個人的信条は「憲法改正と軍隊創設」で、持論は「南京虐殺はなかった」というものだと続け、釈明を求められると、それと自分の現在の公人（ＮＨＫ経営委員）としての考えは違う、と答えている。

彼は、それはまた、小説の書き手としての自分の立場とも違う、とつけ加えてもよかっただろう。もはや小説の「感動」というものの質が、というよりは意味が、変わった。人は、それなりの準備をすれば、しっかりと人を感動させる小説を書くことができる。しかし、それは書き手がその感動の質につながる考え方の持ち主かどうかとは、別なのである。

ではそれはどんな準備か。

百田は、この物語を書くにあたってイデオロギーを「入れない」ように気をつけたという。その意味は、自分のイデオロギーを入れないように、ということである。彼のあり方をそのままに受けとれば彼は右翼的イデオロギーの持ち主なのだが、それを「入れ」れば人を動かすことができない、それを排したほうが人をより広く深く感動させることができる。これが彼の考え、準備である。そこで、それを「入れ」ずに、彼はこの感動的な、どちらかといえばむしろ反戦につながる物語を書いたのである。

島尾と吉田がいうのは、自分たちの特攻体験をどのように伸ばしても、イデオロギーはおろか、一つの既成の思想のかたちに収まることはない、また現に収まらなかったということだ。特攻体験はどのような思想の形をもはみ出す。これを容器に盛ろうとすれば、その容器を壊す、と。

それは、別にいえば、特攻体験のうちには、「実にきれいなもの」もあるが、その「きれいであること」のうちには「歪んだもの」があるということである。言葉を換えれば、特攻体験をそのまま受けとめる限り、そこから「感動」に結びつく物語は生まれてこない、ということになる。

しかし、いまは、誰しも、特攻に関連し、また戦争の意味に関連し、賛否いずれのイデオロギーなりともたやすくある意味ではショッピングするように自在に手にすることができる。それだけではない。着脱可能といおうか、小説を書くに際し、その感動が汎用的な広がりをもつよう、そのイデオロギーをそこに「入れる」こともできれば、「入れない」でおくことすらできる。イデオロギー、思想が、いよいよそのようなものとなってきたというだけでなく、私たちがある小説に感動するとして、その「感動」もまたそのような意味で操作可能なものとなっているのである。

それが『永遠の0』が作品として語っていること、百田が小説家として私たちに語っていることではないだろうか。

私は『永遠の0』を読んだ。そしてそれが、百田の言うとおり、どちらかといえば反戦的な、感動的な物語であると思った。しかしそのことは、百田が愚劣ともいえる右翼思想の持ち主であることと両立する。何の不思議もない。いまではイデオロギーというものがそういうものであるように、感動もまた、操作可能である。感動しながら、同時に自分の「感動」をそのように、操作されうるものと受けとめる審美的なリテラシーが新しい思想の流儀として求められているのである。

私たちは、左右のイデオロギーに傾かないというよりも、どのようなイデオロギーからも自由でないこと、自分がある強固なイデオロギーの持ち主であることをこそ自覚すべきだ。特攻体験などと無縁な私たちは、いつも、「感動」しているときも、イデオロギーに染まっている。左右の「イデオロギーに傾かない」、「戦争の過去を尋ねる」、「反戦的な特攻小説に感動する」ことも、ときには立派に好戦的なイデオロギーの発現になりうる。しかも私たちを動かすものとしての感動は、他にとりかえのきかない原点的な存在である。ここに一つの困難がある。その困難と向きあうこと。それが、この本と『永遠の0』の距離なのである。

誰もがイデオロギーから自由ではない。いまでは、感動することもまたイデオロギーに染まること。――そういう時代がきた。特攻体験からも、戦後からも、等しく遠い時代。

こういうとき、島尾、吉田の対話は、私を圧倒する。「空気」を揺るがす。特攻体験ほど、イデオロギーから遠いものはない。感動から遠いものはない。ここにも違う意味ではあるけれども、「永遠の0」が、あるのである。

（島尾敏雄・吉田満『新編 特攻体験と戦後』中公文庫、二〇一四年七月）

一語の面白さ――「大波小波」に反論

八月一六日の「大波小波」の「特攻体験と戦後69年」というコラムに私の解説が引かれています。このたび中公文庫から出た島尾敏雄、吉田満の対談を新編集した『新編 特攻体験と戦後』という素晴らしい本にふれたもので、それはよいのですが、そこに私が付した解説の趣旨を誤解した紹介がなされています。またしても加藤は極右思想に鞍替えしたかなどと世評が一部で高まる気配もあり、大いに迷惑をこうむっています。

コラムには、私が、文庫の編集者の意図にふれて、これを〈称賛した後、特攻隊の祖父の生き方を孫が探る百田尚樹の四二〇万部のベストセラー『永遠の0』を読み、「反戦的な、感動的な物語であると思った」と言う。本心なのか。〉と書かれています。私がそう「思った」と「本心」で書いたように読めてしまいます。

また続けて、〈しかしそれは「百田が「南京虐殺はなかった」と述べ、「憲法改正と軍隊創設」を主張するウルトラな右翼思想の持ち主であることと両立する。何の不思議もない」と続けていくのを読むと、(中略)胡散臭い〉とも書かれています。これでは、私の百田作品への「理解」があたかも肯定的なものであるかに見えてしまいますが、ともに事実と違います。

ここで私が述べているのは、『永遠の0』を批判するには、これが下らない、でたらめでセンチメンタルな好戦的なエンタメだというだけでは足りない。これが、「反戦的で感動的」に読めるとしても、それでもダメな小説だというところまでいわないと、もう本当に批判したことにならない、ということです。

いまではある作品を読んで「感動」したとしても、また通り一遍に「反戦的」だと読めると受けとめられたとしても、もうそのことは、その作品が反戦的で心を動かす作品であることの証明にはなりません。なぜなら、人を感動させるために、「反戦小説」仕立てのほうが都合がよいとなったら、「イデオロギー」抜きで、というか(自分のものでない)「イデオロギー」までを(作品用に仮構して)読者を「感動させる」ための道具とする新しい種類の作家たちが現れてきているからです。百田氏はそういう新しい小説家の一人なのです。

ですから、この「感動」させるためにはどんなものも利用しようという「愚劣」というのが似つかわしい新小説家たちの作品に対しては、私たちが日常目にする、被災者のエピソードについ涙するばあいとは異種の新しい「審美的なリテラシー(読解能力)」をもたないと、もはや対処できない。

ここには、三・一一以後の、無意識に人々が「感動」を欲する「感動社会」化とも呼ぶべき新しい事態に対する私の危機感があります。

しかし、島尾、吉田という特攻の体験者はここで何といっているか。「特攻体験ほど、イデオロギーから遠いものはない。感動から遠いものはない」。ここに百田式の「感動」製造機械としての小説への最大の批判の核心があると私は述べたのです。

「私は『永遠の0』を読んだ。そしてそれが、百田の言うとおり、どちらかといえば反戦的な、感動的な物語であると思った。しかしそのことは、百田が愚劣ともいえる右翼思想の持ち主であることと両立する。何の不思議もない。いまではイデオロギーというものがそういうものであるように、感動もまた、操作可能である。感動しながら、同時に自分の「感動」をそのように、操作されうるものと受けとめる審美的なリテラシーが新しい思想の流儀として求められているのである」

引用の箇所の原文はこうです。この前段から一部を抜き取り、後段を別の箇所と変えたため、私が百田氏を肯定しているかに読めてしまいますが、私はここに百田氏は「愚劣」だと書いたのです。そのことを強調するのは、この解説を書いたときに、この「愚劣」という百田尚樹への形容が強すぎるので削除してはどうかと二度まで「編集者」に言われ、激怒して、絶対に削除しない、と述べ、編集側と断絶するということが執筆時にあったからです。

解説だからと、軽く見られては困ります。

(東京新聞、二〇一四年九月八日夕刊)

復元話体のなかで——大震災と柴崎友香『わたしがいなかった街で』

Ⅰ　話体のそとで——震災文学論の試み

1　大震災と『永遠の0』

精神分析医の斎藤環が「〝災間〟の文学について」と題する震災文学論で、「震災は文学に影響を及ぼすか」という問いを掲げている（『トリッパー』二〇一三年春号「ともにある、「死者」たちと」前編、同・夏号「「死者」たちはどこで語るのか」後編）。

そこで最後に取りあげられ、高く評価されている柴崎友香の『わたしがいなかった街で』（二〇一二年）について、斎藤の評価に共感しつつも、その観点をもう少し拡大し、微調整しながら、より深化させることができるのではないかと考えた。ここにそのことを書いてみたい。

まずはこの問い。

震災は文学に影響を与えるか。

斎藤は、こう問い、かつて関東大震災（一九二三年）がリアリティの位相に影響し、阪神・淡路大震災（一九九五年）が、ＰＴＳＤと「解離」モチーフを社会に呼び込んだのと同じく、東日本大震災・津波・原発事故の複合災害(二〇一一年)も、何らかの影響を社会に与えないではいないのではないかと予想する。そして関東大震災が新感覚派文学とプロレタリア文学の勃興に一つのきっかけを与え、阪神・淡路大震災がライトノベルの勃興に一役買う役割を果たしたように、今回の複合災害もまた、この後、新しい文学への道をひらくだろうという見通しを示している。

この判断については、最後にもう一度戻ることにして、いまはこの問いを枕に話を別の方向に伸ばしてみたい。では、読み方はどうだろう。震災は、書き方ならぬ文学の読み方に対しても、ある種の影響を与えるのではないだろうか。

私の考えはこうである。

このたびの震災をへて、人々は、「感動」しやすくなった。その証拠に人をやや安易に感動させるタイプのベストセラー小説、そのテレビドラマ化、映画化作品の波状的なブーム現象が震災後の社会の特徴になった。池井戸潤原作のベストセラー小説をテレビに移した『半沢直樹』(二〇一三年)、『下町ロケット』(二〇一五年)、またここに取り上げる百田尚樹の小説、映画などが、その例である。文学作品を「感動の器」にする傾向が生まれている。それが書き手から、読み手へと広がり、そこから、「感動」への抵抗というものが、文学のプログラムに入るようになってきた。これは、書き方の問題だが、読み方の問題を考慮に加えると、このたびの震災が文学に与える影響の質が、よりクリアに見えてくるのである。

さて、そこでの「感動」の新しい質とはどういうものだろう。

さしあたりここで取りあげる手がかりは、百田尚樹の現在五〇〇万部を超えるといわれるベストセラー小説『永遠の0』(二〇〇六年)である。

この本については身近にあまり読んだ人を知らず、一般にどんな評価を受けているのかもよくわからない。しかし、あるきっかけから、この小説を読んでみて、この小説が特に三・一一以後に大ブレークしたというその「読まれ方」のうちに、震災後の新しい変化が顔を見せていると感じた。そして思った。この小説は、なかなかに人を感動させる作品だと受けとめておくのがよいのではないだろうか。この小説の感動はウソだ、浅い、とこれを打ち消すよりも、ウソか浅いかは別にして、この小説は人を感動させることを狙って書かれており、そのことに一定程度成功している、とその事実を認めることが、より正直でもあれば、大事なのではないだろうか、と。

この作品は、三・一一の大震災、原発事故の前に書かれているが、社会が複合災害の打撃を受けると、その後、みるみる大ベストセラーへと育っている。書き方に注目すれば、震災前の作品だが、読まれ方に目を移せば、「災後」小説なのである。

作品は簡単な作りになっている。主人公はフリーターの若者で、ジャーナリストの姉に頼まれ、「母の実の父で・祖母の前夫にあたる・いまは亡い祖父」、について、調査を開始する(つまり祖母は夫の死後、娘を連れて再婚している。その再婚相手が彼ら孫達の祖父であり、祖母の連れ子が彼らの母である。関係はだいぶ「錯綜」している)。いまは亡きその祖父は、真珠湾攻撃以来のさまざまな戦いをくぐり抜け、終戦の直前、零戦に乗り、特攻作戦に参加し、戦死している。主人公の若者は、ときに姉と連れ立ち、祖父の話の聞き取りに、祖父の戦友たちを尋ねて歩く。小説は、その戦友たちへの取材と戦友たちからの聞き書きを中心に進む。

彼らの祖父は、当初、一人の戦友の口から、あんなに臆病な零戦乗りは知らないと侮蔑的に語られる。しかし、じつは妻と子供のためにどんなことがあっても「生きて帰ろうとする」、平和を愛する戦闘機搭乗員だった。彼は極めて優秀な搭乗員であるうえ、部下に対して優しく、謙虚な、歴戦の勇士でもあった。そういう飛行士が最後の最後、特攻作戦に自ら進んで参加し、死んでいく。祖父の謎めいた実像が徐々に浮かんでくる。

読後感をいえば、小説として、とりたててすぐれているとはいえない。それでも、何の先入観もなく読むかぎり、どちらかといえば反戦的なメッセージを載せた、「感動的な小説」であるとも受けとれる。

つまりこれが多くの一般読者を「感動」させたことには理由がある。作者が右翼的な言辞を吐いているからといって、ただ好戦的な作品と受けとるだけでは正当だとはいえない。これが小説を読んでの、私の感想である。

事実、作者の百田は、「特攻を美化している」、あるいは「戦争賛美」という批判に対し、インターネットのSNSで、自分はこの作品で「特攻を断固否定した」、「戦争を肯定したことは一度もない」と述べている(『永遠の0』のウィキペディアによる)。映画『永遠の0』の監督山崎貴との対談でも、この小説のテーマは「生きるということ」と「戦争を風化させないこと」だと語り、監督山崎もこれに、原作は左右のいずれのイデオロギーにも「全然傾いていない」と、応じている。

監督との対談で、原作者はまた、自分はこの小説に「できるだけイデオロギーを入れなかった」とも語っている(「百田尚樹×山崎貴　幸せって何だろう」朝日新聞デジタル、二〇一三年一二月三〇日)。

ここで注意を引くのは、「できるだけイデオロギーを入れない」で、「生きること」と「戦争を風化させないこと」をテーマに特攻体験者の物語を書き、事実多くの人を感動させた百田が、同時に、現在の国家主義的な首相をあからさまに支持し、二〇一四年の都知事選での元航空幕僚長の候補者の応援演説では「南京虐殺はなかった」と述べ、保守主義者との対談では「憲法改正と軍隊創設」を主張する、ウルトラな右翼思想の持ち主でもある、という事実である。「反戦的」な小説によって人々を「感動」させている小説家が、「自分は国家主義者だ」と、同時に公言している。しかもこの二つが本人にも社会にもさしたる不審もなくそのままに受け入れられている。ここには、小説の読まれ方に関し、小説と小説家と社会のあいだに、一種新たな関係が顔をみせているのである。

この小説は二〇〇六年に刊行された。最初は売れず、二〇一〇年くらいからベストセラー化に火がつきはじめ、以後、大震災・原発事故をへてブレークすると、二〇一二年に一〇〇万部、二〇一三年夏に二五〇万部を突破、映画化もあってその後も売り上げを伸ばして現在五〇〇万部を超える。しかし、その間、著者が考えを変えたというわけではない。現に著者は、二〇一三年の時点でなお、この作品を「特攻を否定」し「戦争を肯定」せず、「イデオロギーを入れ」ずに書いたと述べ、その口で、自分の個人的信条は「憲法改正と軍隊創設」で、持論は「南京虐殺はなかった」というものだと語っているのである。そして当時の公職との関わりで釈明を求められると、それとNHK経営委員としての自分の考えは違う、と特徴的な答え方を行っている。彼は、それは――自分の社会での言動は――、小説の書き手としての自分の立場とも違う、とつけ加えてもよかっただろう。

彼が言うのは、自分は右翼的で国家主義的な個人的信条、イデオロギーをもっているが、それを小説執筆にはもちこんでいない、ということだからである。

つまり、『永遠の0』が語っているのは、「イデオロギー」というものが立場によって着たり脱いだりできる——着脱可能である——のに加え、いまや小説を書くにあたっても、着脱可能なものとなったらしいという、新しい事実である。

百田は、この物語を書くにあたってイデオロギーを「入れない」ように気をつけたと述べている。その意味は、自分のイデオロギーを入れないように留意した、ということである。なぜわざわざそんなことをするのか。彼の言行をそのままに受けとれば、彼は右翼的イデオロギーの持ち主なのだが、それを「入れ」れば人を動かすことができない、それを排した物語にしたほうが人をより広く深く感動させることができる。そう考え、それをカッコに入れた。それがここでの着脱の操作である。

感動させるための物語、そういう物語にふさわしいイデオロギー。ここには「感動」と「物語」と「イデオロギー」をめぐる、新しい布置が顔を見せているのである。

2 『1Q84』から『永遠の0』へ

このことに立って、先の斎藤の問いに答えるなら、このたびの二〇一一年の東日本大震災と一九九五年の阪神・淡路大震災の災後の違いは、こうなるだろう。

右の三つの項目のうち、「感動」と「物語」について、一九九六年、阪神・淡路大震災とオウム・

サリン事件の後で、村上春樹が、ここでの百田とほぼ同じ小説観を表明している。村上は、麻原彰晃の「荒唐無稽な物語」に、これをただ「荒唐無稽」(ウソだ、浅い)というだけでは十分な批判にならないと考え、これに対抗するには新しい「物語」の対処が必要になる、と述べている。

麻原は、オウム真理教という「稚拙」で「ジャンクな」物語を用意した。これに対抗するには、「まったく新しい」「物語を浄化するための別の物語」が必要となるが、たぶんそれだけでは足りない。そう語り、村上は、「「青春」とか「純愛」とか「正義」」といった「稚拙なものの力」を逆手にとった、別種の――ここでの言葉でいえば「感動の器」としての――物語もまた必要になると、二段構えの対応を説いたのである(『アンダーグラウンド』あとがき「目じるしのない悪夢」、また『村上春樹、河合隼雄に会いにいく』)。

村上の作品に即していえば、その後書かれた『神の子どもたちはみな踊る』(二〇〇〇年)所収の「蜂蜜パイ」は、前者の方向を体現しており、「かえるくん、東京を救う」は後者の方向を体現している。

しかしこの村上の対応をもたらしているのは、阪神・淡路大震災後の社会における村上と麻原の「考え方」の対立、つまりイデオロギーの違いである。村上は反麻原というイデオロギー上の立場から、麻原の説得力を「荒唐無稽な物語」のもつ「稚拙な力」と考え、それに対抗するには「物語を浄化するための別の物語」だけでは不十分で、この「稚拙な力」を転用した――逆手に取った――いわば方法的な「荒唐無稽な物語」が必要になる、と述べた。消費化社会の爛熟の果て、私たちの感性上の洗練がいまや赤裸々な「感動」に耐えきれなくなってきている現状に照らして、麻原の、ある種先祖返りともいえる若者を動かす「荒唐無稽な」イデオロギーに対抗するには、これを浄化させたイデオロギーや別種の「物語」を対置するだけでは足りず、「純愛」とか「正義」といった、「感動の器」としての方法的な小説的対応が必要になる、と指摘したのである。

『1Q84』は、こうして二〇〇九年、二〇一〇年という震災直前の時期に、「純愛」と「正義」の物語を盛った方法的な「感動の器」として、差しだされる。

しかし、これに対し、百田は、物語の一番の力は人を「感動」させることだという。そのためには反社会的な「荒唐無稽の物語」でもよいが、これまでの定型を活用した「青春」、「純愛」、「正義」、あるいは「家族愛」など社会に受けいれられる話でも何ら構わないと考える。これまでに彼の書いてきた作品を貫くのは「感動」である。彼は彼なりに「方法的」に「感動の器」を用意しようとする。しかしこれに加え、彼は麻原とも村上とも違い、イデオロギーにこだわらない。その目的を十全に達成できるなら、どんなイデオロギーでもよい。右でも左でも構わない。国家主義、家族主義、ほかの何でもよい。その小説制作歴が、このことを示している。戦記物といいうる『永遠の0』にはじまり、二〇〇八年の『BOX!』は、高校生のボクシングものの青春小説、二〇〇九年の『風の中のマリア』は、働き蜂「マリア」の昆虫(?)小説、二〇一〇年の『モンスター』は、モンスターと呼ばれた女性の純愛もの、二〇一二年の『海賊とよばれた男』は石油をめぐる企業家の一代記で、二〇一四年の『殉愛』は「純愛ノンフィクション」。それを一貫して駆動するのが「感動」である。

したがって、このたびの東日本大震災・津波・原発事故の複合災害は、いったん読まれ方に目を向ければ、『1Q84』のBOOK4の執筆を村上に思いとどまらせ、それまでそこそこのヒット作であったにすぎない『永遠の0』を大ベストセラーに飛躍させるという形で、見えにくい、一つの選別を行っている。自分の右翼的なイデオロギーは堅持しながら、なお小説執筆では、それを抑止し、ひたすら多くの「感動」を作りだすために反戦的な小説をすら書きうる。そういう小説家に、今回の災害は、道を開いているのである。

そこでは、「感動」はもはや、人を動かす、ないし人に訴えるための手段でも方法でもない。それは「思想」を超えている。つまり、そこで至上の価値とみなされているのは、人を動かすことそれ自体であり、「感動」がそのままで、なかに何を入れてもよいイデオロギー装置なのである。

何のためでもなくただ人を「感動させる」こと、そのことが既存の作者自身の「思想」と矛盾なく共存できるというだけではない。このことが示唆するのは、人をとにかく「感動」させようということが、いまや一つの暴力であり、すでに一つのイデオロギーなのではないか、という疑念である。二〇一一年の複合災害は、「感動」することが、「感動」させられることであり、そのことがあるイデオロギーへの拝跪であるかもしれない時代を到来させているのである。

3 「感動社会」の到来と断片なるものの優位

ところで、この「感動」社会の到来には、次に見るような、一見そこから想定されるのとは反対の、逆説的な動きが含まれている。

二〇一三年には、『永遠の0』と同じく零戦を扱った宮崎駿のアニメ映画『風立ちぬ』が封切られている。そこにおいて、たぶんこの小説の映画化を含む動きを念頭においてだろう、宮崎が、昨今の零戦もの一般について、こう発言している。

「今、零戦の映画企画があるらしいですけど、それは嘘八百を書いた架空戦記を基にして、零戦の物語をつくろうとしてるんです。神話の捏造をまだ続けようとしている。「零戦で誇りを持とう」とかね。それが僕は頭にきてたんです。子供の頃からずーっと！」

「相変わらずバカがいっぱい出てきて、零戦がどうのこうのって幻影を撒き散らしたりね。戦艦大和もそうです。負けた戦争なのに」

（『CUT』二〇一三年九月号）

宮崎は、好戦的な零戦神話を否定している。彼は、いうまでもなく、反戦的な思想をもつ映画アニメ作家である。この宮崎の感想は、百田の作品を読まないままでの、「映画企画」にふれた間接的な感想なのだが、しかし読んだとしても、また映画を見たとしても、その評価はさして変わらないだろう。小説『永遠の0』についても映画『永遠の0』についても、これに類した批判が、リベラルな実作者たちから示されている。たとえば、エンターテインメント系の小説家石田衣良は、小説『永遠の0』ほかの作品をさして、「右傾エンタメ」ともいうべき新しい小説群が現れている、「かわいそうというセンチメントだけで読まれている」「読者の心のあり方がゆったりと右傾化している」と指摘している（「読者の右傾化？　不満の表れ？　「愛国エンタメ小説」が人気」朝日新聞、二〇一三年六月一九日）。また映画『パッチギ！』の監督井筒和幸も、映画『永遠の0』について、これを見たうえで、「見たことを記憶から消したくなる映画」、架空の内容で結局特攻隊を美化している、と非難している（「映画

『永遠の0』を痛烈批判した井筒監督「見た後で自分の記憶から消したくなった」」J-CASTニュース、二〇一四年一月二一日)。

ところで、一方の百田尚樹は、宮崎の作品『風立ちぬ』を見て、こう評したと伝えられる。

先日、アニメ『風立ちぬ』の試写を観た。ラストで零戦が現れたとき、思わず声が出てしまった。そのあとの主人公のセリフに涙が出た。素晴らしいアニメだった。

これらは、ウェブサイト経由で見つけた小さなエピソードだが(「宮崎駿、『風立ちぬ』と同じ百田尚樹の零戦映画を酷評「嘘八百」「神話捏造」」Business Journal、二〇一三年九月二五日、「宮崎駿『永遠の0』を嘘八百と批判!? 百田尚樹も「おこ」で零戦戦争勃発か」J-CASTニュース、二〇一三年九月二六日)、二つを並べてみると、複雑な感慨をおぼえる。ここに顔を出しているものを「感動社会の到来」のもう一つの表徴と受けとると、それが一筋縄ではいかないものであることが、わかるからである。

両者の相手への反応を、細部を度外視し、単純化したうえで比べてみると、宮崎は百田らの動きを「バカ」呼ばわりして怒っており、これに対し、百田はその自分を罵倒する宮崎のアニメを、「涙が出た。素晴らしい」と賞賛している。何となく愚劣な実作者である百田のほうに、対応として、ゆとりが感じられる。

この両者の違いはどこからくるのか。私の考えを言えば、ここに、いま生まれている「感動」についての二つのあり方が顔を出している。第一のケース、宮崎にとってある作品に感動することは、その書き手のイデオロギーが自分の考えに敵対するもの〈たとえばウルトラな右翼思想〉であることと、無縁ではありえない。それは石田のばあいも、井筒のばあいもそうである。かくいう私の反応も、カテゴリーとしては宮崎のそれと同じであって、百田の作品に見られるような「感動させようとする」志向それ自体が、人間観として、また作品観として、共感できない。そういうばあいにはその否定観に基づいて、この作品の「感動」にありうべき〈感動〉の殺戮を感じる。出てくる言葉は、前節に記したような強い否定辞となる。

しかし、第二のケース、百田にとってある作品に感動することは、その書き手〈制作者〉のイデオロギー〈このばあいは宮崎駿の平和主義、反軍国主義〉が自らの考えを否定するものであることとは、ほぼ関係がない。彼のなかでは、その作品のイデオロギーと、その物語から局所的に自動的に発する「感動」とは切断されており、また着脱可能である。それが彼のなかで偶然、結びつくようであれば、それでよし、そうでなければ、またそれでよし。彼は、いわば自分勝手に、その対象に自分を没入させ、そこから無制約に感動を受けとったり、その逆の感懐を受けとることができるのである。

そしてこの二つの対応を没価値的に比べると、前者の反応は偏狭で、百田の反応はあっけらかんとしている。百田のほうが相手に寛容なように見える。

なぜ自分と異質なものに寛容なはずのリベラルが、相手に不寛容で、自説を曲げないウルトラな右翼思想の持ち主のほうが、相手に寛容に見えてしまうのか。背景に、情報社会化の昂進によってもたらされただろう、一つの変化があるというのが、私の考えである。自分の考えをもっていること、論理的であること、首尾一貫していることは、かつては好ましくもあれば必要なことでもあったのだが、いつのころからか、融通が利かず、持論にこだわり、偏狭だといったマイナス・イメージをともなうようになった。逆に、この高度情報化社会の進行につれ、あっけらかんとしていること、あっさりしていること、こだわらないこと、少しちゃらんぽらんであるくらいのほうが、ノンシャランで、好ましいことと感じられるようになったのである。

一般的な人間観として、普遍的に言いうることかもしれないが、それを離れて社会変化の指標として見れば、このことは広義のポストモダン期の変化として受けとることが可能である。寛容は、不寛容に対して、寛容でありうるかと、フランスのユマニスム(人文主義)の初期近代の伝統は、問いを立てた。これに対し、いまや、寛容は、一見寛容でノンシャランな非・寛容を前に、どのように本来的な寛容を貫くことができるか、という新しい課題が、現れている。そう、あの、一九八四年に浅田彰が書いたパラノ型(偏執型)をスキゾ型(分裂型)が凌駕するようになるという予言(『逃走論——スキゾ・キッズの冒険』)が、皮肉にも右翼的社会の到来という形で、実現しているのである。

百田は、『風立ちぬ』の作者の「平和主義」に寛大なのではない。ただ、自分のスキゾ型の「感動」に正直なのだ。そして彼が「感動」するのに「イデオロギー」は何であろうと関係がない。「作品」が適切な「イデオロギー」を採用し、「感動」の器として機能していれば、それでよいのだからである。

ここでの教訓は、ある意味でちゃらんぽらんな百田のあり方のほうが、いまの社会にはよりフィットしている、ということである。没価値的に両者の反応をみれば、後者のほうに「好感がもてる」というのは、そういうことなのだ。いまや、社会はさまざまな価値観の束のようなものとなり、瞬時にそれを情報として世界に発信し、受信することで成立している。これを一つの社会変化の指標と受けとれば、変容点は、情報が断片化、軽量化、規格化されるようになったことである。ここにいう情報とは、イデオロギー、物語、感動のすべてをさす。それらが、それぞれに、断片化し、小粒になり、しかも規格化され、容易に他の断片と「着脱」可能な関係に、また、操作可能な関係におかれるようになった。

だから、百田は、『風立ちぬ』を作品全体として見ることなしに、部分ごとに寸断して受けとりうる。そして、それまでの映画の動きとは独立して、「ラストで零戦が現れ」ると、そのシーンに同じ零戦の物語を書いた人間として「思わず声が出てしま」う。また「そのあとの主人公のセリフに涙が出」る、「素晴らしいアニメだ」と思う。全体としてその作品を作り上げているイデオロギー、さらに作者の思想傾向が自分のそれを真っ向から否定するものであろうと、そのような文脈は、容易に着脱可能な様態に置かれ、いまは自分の「感動」に正直でありたいと思えば、それを素朴に吐露できる。後で、困れば、いくらでもそのようなものは、撤回、削除できるのである。

これがここにいう情報社会化の効果であり、先のたとえば震災後の「感動社会」化の後景をなしているのが、この変化である。

そのため、そこに生きる人間のイデオロギー、思想、信条、またそこに流通する物語、情報、ことば、それらを媒介にそこに行き交う感情、不安、憂鬱、感動のそれぞれが、ポキポキと折れやすい、クリスプなものとなり、つながってもすぐに破綻することなくはずれるなめらかさをもち、断片化、軽量化、規格化の度合いを深める。この野放図で洒脱な社会変化のなかで、首尾一貫していることは、川の流れに棹さす杭のようなものである。流れはそこで乱れる。さまざまな摩擦が生まれる。効率化を減衰させる。立ちどまる余裕のない世の人々に、一貫していることはかえってフラストレーションを与えるノイズ効果をもつだろう。そのことの結果として、大きな風が吹くと、そうではない、断片化、軽量化、規格化したもののすべてが、あっさりと同じ方向に動く。そして大きな吹きだまりを作る。いったんことがあると——たとえば大震災のようなカタストロフが生じると——、世の人々のたやすく感動しやすい、そして薄く浅く感動したがる、「感動」社会がやってくるのである。

このような社会では、百田のような権力すりより型で脱信念的、イデオロギー操作的なあり方のほうが、はるかに生存の方法としては、最適化基準に合致している。自らの理念に立ち、一つの直観、好み、イデオロギー、思想に偏するものは、ノイズを発する、意固地な存在、偏狭な心、困り者とみなされるのである。

ここから次のことがわかる。

「感動」と「物語」と「イデオロギー」のハイブリッドともいうべき『永遠の0』のような作品に対しては、もはや村上式のやり方で対抗するのが難しい、というだけでなく、そもそも、これに「立ち向かう」、ということがなかなかに困難である。荒唐無稽な物語の「感動」に、まともな物語の「感動」を対置すること、そしてまた、荒唐無稽な物語の「感動」に、対抗的に、荒唐無稽な物語を駆使した方法的な〈感動〉を「立てる(対置する)」こと。一九九五年の震災後には、麻原彰晃の邪悪な「物語」に対抗するには二様の別種の「物語」が必要だといわれたのだが、二〇一一年の震災後になると、百田の無色の——むしろ反戦的な——「物語」の「感動」に対抗するには、いまや「感動」そのものに抵抗する以外にはない。そうだとして、その抵抗をある種の思想、イデオロギーに裏打ちされて行う、ということ自体が、きわめて不利なことになっている。つまり、ハイデッガーの技術論ではないが、もはや断片化したものを相手とする抵抗を、「論」を「立てて」行う、ということが、非常に困難になっているのである。

4　柴崎友香――「感動」から遠く離れて

私の目に、柴崎友香の『わたしがいなかった街で』は、このような新しい時代の到来のなかで、この「感動」の動きに抵抗しようとする希少な企てであるように見える。

この作品が、この度の東日本の複合災害後の新しい文学の動きをもっとも先鋭に代表しているというのが、先にあげた震災文学論での斎藤環の考えなのだが、その結論に私も同感だというのは、この意味にほかならない。

柴崎の作品で、主人公の砂羽は、エホバの顔を避けるように「感動」なるものに近寄らず、それとしっかりとした距離を保ち続けている。しかしそれは彼女が自分のなかにやがてやってくるかもしれない別種の心の動きに「場所を空けておく」ためでもある。彼女は、熱を放つできごとから遠くに身を置き続ける。それは地球の裏側で起こっている戦闘であったり、いまは姿を見せない過去の戦争だったりする。その一方、現に起こりつつある私的で苦しいできごとにふりまわされる。それを避けることはできない。しかし、多くのできごとに翻弄されながら、何かほんとうに大事だと思われることには「場所をとっておこう」とする。そこに何も、入らないように見張っている。するとその小説上のふるまいが、やがて一つの何かに対する抵抗のようなものと感じられる。

そしてその小説上のふるまいが、やがて、まったく異質な仕方で、異質な〈感動〉を私たちのもとに届けてよこす。

私は、「感動」と書き、〈感動〉と述べ、二種の感動のあるべきことをここに記し、だいぶわかりにくいことを書いている。しかし、これは仕方のないことだ。斎藤環の震災文学論でも、一種私たちの心を揺さぶるのは、斎藤が震災後に書かれた注目すべき諸作のなかで、特に柴崎友香の作品に、「前代未聞」と記す特筆すべき美点を見出し、それに言葉を与えようとして、それができずにもがいている、その「さま」だからである。

柴崎は最後、その作品『わたしがいなかった街で』で、いわば作者として、異質な〈感動〉にふれている。そこに、斎藤は動かされ、小説の最後近くのシーンを引用している。しかし、うまく言えていない。「本稿で取りあげる予定の作品中、おそらく最大の問題作」と前編に断りながら、全体で二三頁からなる論考中、後編の最後に、五頁弱、走り書き程度にふれているにすぎないのも、そのためである。しかし、彼が、ひどく、強烈に、この作品に「動かされ」、その意味をそこに明らめようとしていることは、痛いように伝わる。

彼の引く小説最後近くのシーン。主人公の砂羽は、「感動」なるもののもつ磁場、磁力が苦手で、その圏内から注意深く遠ざかるようにしている。しかしそれは彼女をひきつけないではいない。彼女はできごとから逃れようとするが、できごとはまた彼女を牽引する。このありようを説明しようと、斎藤は、こういうばあい、私があまり用いない言葉を使っている。彼がいうのは、「拡散する主体」、そして「主体の複数性」という概念語である。

作品の説明は後回しにして、このシーンを見よう。

登場するのは二人、主人公の砂羽と、砂羽の友人の妹、夏である。そのシーンでは、作品の主人公（平尾砂羽）のかつての写真仲間（クズイ）の妹、葛井夏が、作中の視点人物となって、旅をしている。ほんらいの主人公＝視点人物の砂羽は、その少し前に、「軽い熱中症と脳貧血」らしき症状で「道路に倒れ」、救急車で病院に運ばれて、作中から姿を消している。

砂羽が病床で朦朧としながら、点滴の処置を進めようとする医師たちのやりとりを耳にしているところで場面が転換し、それ以後、シーンは彼女の友人の妹、葛井夏が四国を旅する章へと変わっている。そして、葛井夏が瀬戸内海にかかる長い橋を渡り、バスから見える夕日の景色に強い感動に似たものをおぼえる（別にいえば〈感動〉はここでようやく作品のなかにそのありうべき姿で訪れている）。そこで、その夏を視点人物にした章が終わるが、しかし、なお、その視点人物の転換はもとに戻らず、次の最終章となっても語り手＝視点人物としての砂羽は、帰ってこず、登場しない。砂羽不在のまま、夏が、――本来の主人公＝視点人物砂羽からいえば「わたしのいない」街であるところの――大阪の一角にある空襲慰霊碑を訪れるところで、この小説は終わる。

さて、斎藤が引くのは、この場面転換の章、つまり最終章の一つ前の章（第二三章）の最後近く、夏が四国から帰る「バスの車窓から、夕景の中の老夫婦を目撃するシーン」、作中の〈感動〉の場面である。彼女（夏）は車窓の向こうに、棚田の一つに腰掛けている老人を認める。

（その老人が――引用者）夕陽を見ている、と夏には一瞬でわかった。そこから何段か下った棚田のあいだを、老女が腰を曲げながら登りかけていた。おそらく夫婦だろう。登りかけながら、夕陽を見て立ち止まっていた。

その姿が、時速八十キロで走るバスの窓から、角度を変えながら、夏の目に焼き付けられるように映った。棚田と海と、その向こうに燃えながら沈んでいく太陽。

これ以上素晴らしいことなど、人生にはないに違いない、と夏は思った。夏の遅い夕方、田んぼの手入れを終えて帰る夫婦が、何十年も連れ添った相手と、こんなにも美しい風景を眺めるこの時間。悠久とか永遠とか、自分はこれまでに感じたことはないが、そこにはきっとそういうものがあるのだと思う。これ以上の幸福なんてなくていいような、なにかが。

（『わたしがいなかった街で』二〇五頁、以下、単行本の該当頁を示す）

そして、しかしそう思いながら、夏がふり返ると、「眠っていると思っていた隣の人が起きていて、そして呆然とした顔で涙を流してい」る。

きっとこの人の今までの何十年分の人生のできごとが、今この人をこういう状態にしている、と夏にはわかった。（中略）

わたしはこのおばちゃんみたいな気持ちも、一生経験することがない。わたしのこれからの時間に、そんなに深い感動は訪れはしない。なぜそう断定してしまうのか自分でもわからないけど、そう思って、でもそれはむなしいことともかなしいこととも感じなかった。（同前、二〇六頁）

ところで、こうしたくだりを引いて、斎藤は「ここでは誰が語っているのか」と問う。そして「この箇所では夏の視点を借りた砂羽が語っている、そうとしか考えられない」と続け、「ここに小説の奇跡がある、と言えば言葉が過ぎようか」と続ける。

斎藤は、ここに、何かが実現されている、といいたい。そしてそれこそが、東日本大震災、原発事故の後に書かれた小説の、もっとも心に残る達成だと、いいたいのである。

彼はいう。複合災害の後を生きるということは、

誰もが少しずつ「拡散する主体」として、「死者の言葉」の器となっていくことを意味してはいないか。真に「ともにある」、「ともに語る」とは、そういうことではなかったか。

こうした、文字通り前代未聞の主張を潜在させた作品として、柴崎友香の『わたしがいなかった街で』は「災間文学」の記念碑的作品となった。（前掲「「死者」たちはどこで語るのか」）

斎藤は——むろんそうは明言しないが——『わたしがいなかった街で』に自分は動かされた、〈感動〉させられた、といっているのである。

さて、私は、この作品に「前代未聞の」といってよいあり方が現れていること、そしてそれが大震

災後の社会の変化への一つの応答なのだという斎藤の考えに、賛成である。しかし、これを直ちに「拡散した主体」として「死者の言葉」の器になることとまとめてしまうと、ここに敢行されている抵抗が、大きな形に括られ、再び水面下に姿を没してしまうと思う。

ここにあるのは、もっと小さな戦いである。それは、先の対立軸に沿って言うなら、とりわけ震災後、社会を席巻することになった「感動」なるものの制覇に対する、自らは自分の考えを「立てる」ことをしないでなされる、見えにくい抵抗なのだ。だから、それを取りだそうとして批評が論を「立てる」と、その抵抗も、見えなくなる。その小さな戦いを、どう小さいままに語ることができるか。そういうことが、ここで批評に求められているのである。

「拡散した主体」とは何だろうか。

私たちは、ふだん、拡散した主体として生きている。乱暴にいってしまうと、人の日常生活とは、家での、会社での、友人とのつきあいでの自分を、いわばばらばらの自己としてゆったりと包含する「主体」の形で過ごされている。しかし、いったんことがあると、ぎゅっと「緊密なひとかたまり」になる。一人ではこれに対処できない、そのような不安のなかで、人は「ゆるやかな主体」を緊張させ、〝凝集〟させ、自分として「緊密なひとかたまり」を構成すると同時に、ほかの人とも容易に「一本化」されうる態勢に移る。そして事実、ほどなく社会のもとで、その「拡散」を失い、「一体化」されるのである。

震災後の社会を思い起こそう。メディアには「がんばろう日本」の声がいきわたった。「愛は勝つ」、そして「心をひとつに」、「花は咲く」。それらに抵抗することが、難しくなる。

何かことがあると、いわば感動の沸点が低くなり、人が感動しやすくなり、感動社会がやってくるのは、そのためである。人は感動をもとめ、自ら「一本化」しつつ、人との「一体化」を求める。その結果、人はやたらに「感動」しやすくなるのだが、同時に「感動」はそのときそれ自体が底の浅い、熱しやすく冷めやすい、その人らしさを奪うものとなっているのである。

5　小さな抵抗と大きな抵抗

だとすれば、そこでの抵抗は、どんなものになるだろう。

そこに求められているのは、単に愚直な「感動」の物語への対抗といった、たやすいものではない。堅固な国家主義的イデオロギーの提唱者にも、軽薄なコメディアンにも、正直なお人好しにも、一時的な平和主義者にもなれる、断片化され、軽量化され、規格化された、ちゃらんぽらんさが着脱自由に作り出す、高度情報化社会の最適化条件をみたす融通無碍な「感動」がある。それは、こうしたオールマイティでハイブリッドな「感動」一般への抵抗だからである。

柴崎の『わたしがいなかった街で』に展開されているのは、斎藤のいう「拡散した主体」の「一なるもの」への再統合に対する、ひそかな、根強い抵抗である。

そこでの抵抗とは、ふだんのだらけたままの「拡散した主体」が、社会の呼び声にせき立てられ、「問題」について意識を向けさせられ、他の社会構成者と「一体化」させられることに対してなされる抵抗、ある意味では抵抗に対する抵抗、とも呼ぶべきものである。そのようなふだんのままの「拡散した主体」でなければ、ほんらい、そのようなできごとで亡くなった人々と、「ともにあること」はできない。柴崎は、そう言葉を「立てて」言ってはいないが、柴崎の作品を読むと、読んだほうは、そう思わせられる。

するとこういうことにはならないか。

ここから先は、少し説明が長くなるが辛抱してほしい。もういちど、斎藤の論に戻ると、彼はこのたびの東日本大震災、大津波、原発災害からなる複合災害からもたらされた文学を、広く〞災間の文学〃と呼び、なかで、とりわけ注目に値する作品が、柴崎の作品だと言っている。ほかにどのような作品があげられているかといえば、災害後、「もっとも早い段階で〞反応〃を示した」のは、古川日出男の『馬たちよ、それでも光は無垢で』という作品である。そこに、その後現れる作品の特徴のほぼすべてが初原的に認められる。その後現れる作品とは、柴崎の作のほか、いとうせいこうの『想像ラジオ』、高橋源一郎の『恋する原発』、川上弘美の『神様2011』などである。

そこに共通にみられる特徴とは、

- あり合わせの素材と限られた時間の中で、急いで作られた「ブリコラージュ」にみえる、という点。
- 「3・11」や「フクシマ」といった象徴化の拒否。
- 時制の混乱と、錯綜する複数の時間。
- メタレベルのないメタフィクションという構造。

・「死者」との交流。「死者たちとともにある」という感覚。
・過去の戦争や災害、惨事などへの参照。

である。

たしかにこれらが、震災後、ほどなくして純文学作品を尻目に大ベストセラー化していく先の百田や池井戸らの「感動」生産機械的な作品群を作りあげている諸要素と、ことごとく対蹠的な位置にあることは、驚くばかりである。後者のエンターテインメント系の感動諸編の特徴は、そこで「感動」が――覚醒剤による興奮がそうであるように――いわば生産可能で操作可能だということだが、それらは、対比的にいうなら、

・周到に定式に沿って準備され、
・特攻、敗戦、倒産、復活などさまざまな物語の象徴化要因を多用し、
・単純で安定した作品的構造をもち、
・フィクションとして読者をとまどわせるような要因をすべて排除して構成され、
・死者はそこで十分に物語化され、安定した生者との関係(復仇、愛慕、追憶)のうちに収納されたうえ、
・過去の戦争や災害、惨事などへの参照も、注意深く「物語」の要素として消化されやすいように殺菌され、無害化されている。

と整理できるからである。

しかし、そうだとすれば、大震災の直後に現れた諸作品を、大きな社会の変化の文脈の中に置き直し、その後現れた「感動」社会との対照のもと、それへの抵抗と受けとってみることが、この先を考えるうえで、一つの手がかりになる。斎藤の分析では、古川、いとう、高橋、川上らの作品が何に対する、どのような〞反応〟であるかが、明確にされていない。察するところ、それは、これまでにない規模の大震災・大津波に、原発事故をともなう大災害という未聞の「できごと」のもつ衝撃への、文学者たちの「反応」なのだが、そのできごとが数年をへてここに「感動」社会の到来という集約を見せてきていることを考えれば、これらを災害という大文字のできごとが人にもたらす、「一体化」させ、「感動」させようという働き(作用)と、それへの抵抗という対立軸のもとに整理することが、適切でもあれば、斎藤のあげている諸作品のなかでの柴崎の位置をも、より明瞭にすると思われるからである。

しかし、そう考えてくれば、斎藤の論評にもかかわらず、柴崎の作品が、いわゆる災害後のいくつかのすぐれた作品のなかでとりわけ卓越しているゆえんは、それが、災害前に書かれた百田尚樹の『永遠の０』とも、村上春樹の『１Ｑ８４』とも異なっているのと同様、災害後、ほどなく書かれた、斎藤がすぐれた作品としてあげる古川日出男の『馬たちよ、それでも光は無垢で』とも、いとうせいこうの『想像ラジオ』とも、高橋源一郎の『恋する原発』とも、川上弘美の『神様２０１１』とも、異なるからなのだ、と思われてくる。そう考えたほうが、柴崎の作品のすぐれているゆえんが、とりだせるように、見えてくるのである。

では、柴崎の作品は、どこでほかの「災間」文学と違っているか、といえば、このことは斎藤も断っているのだが、歴然としている。ほかの作品が、すべて、三・一一の複合災害を受けて、その災害に触発されて書かれたことを作中に示す、「災害小説」となっているのに対し、柴崎の作品は、そのできごとと、災害に斃れた人々のことを念頭に書かれていることは明らかなのに、それについては一言も触れない。むしろ三・一一の災害を、作品から「抜き取っている」。彼女の小説にあっては、あのできごとが、「抜き取られて」そこにない。そういう形で、作品に「存在している」のである。

たとえば、古川日出男の『馬たちよ、それでも光は無垢で』で、語り手は、二〇一一年四月という時期に、原発の場所からほど近い福島県相馬市を訪れている。相馬市は馬追いで知られてきた町である。作品はそこで小説家の幻視するものを描き出す。いとうせいこうの『想像ラジオ』では、大津波の被害地の木の上にひっかかったまま死んだ被災者が、ラジオのディスク・ジョッキーを行う。高橋源一郎の『恋する原発』は、そもそもタイトルに原発をうたうように原発事故を直接のきっかけにしたことを作品に取り込んだ作品である。アダルトヴィデオの監督が被災者救済のチャリティに映画を作ろうとし、なかにメタフィクション的に震災文学論が挿入される。また、川上弘美の『神様２０１１』は、先に書かれた作品をわざわざ「原発事故」に重ねて書き直した作品であって、その作品にあっては、原発事故というできごとが、「あのこと」と呼ばれて、そこにある。あるいはそこに引き入れられている。

川上の『神様２０１１』は、二〇一一年の六月に、古川の『馬たちよ、それでも光は無垢で』は七月に、高橋源一郎の『恋する原発』は一一月に、柴崎の『わたしがいなかった街で』は、二〇一二年四月に、それぞれ当初、雑誌発表されている。二〇一三年三月に発表されたいとうの『想像ラジオ』を除けば、これらの作品はほぼ事故後一年のうちの発表という共通点をもつ。それだけに、柴崎の作品の「抜き取り」の特異さが際立っている。同じ「あのこと」の「抜き取り」と不在化は、村上春樹の「災後」小説である『色彩を持たない多崎つくると、彼の巡礼の年』にも見られるが、こちらは震災後二年をへた二〇一三年四月の発表である。

また、川上、古川、高橋、いとう、柴崎の作品のうちにそれぞれに「拡散した主体」あるいは「主体の複数性」を認めることは不可能ではないが、やはり柴崎とほかの作品のあいだでは、違いのほうが大きい。

先にあげられた斎藤の「災間」文学の特徴でいえば、

• あり合わせの素材と限られた時間の中で、急いで作られた「ブリコラージュ」にみえる、という点。

は、震災後すぐに書かれた川上、古川、高橋作品に共通する一方、柴崎、いとうの作品にはさほど言えない。

•「死者」との交流。「死者たちとともにある」という感覚。

を考慮すると、ここにいとう作品が加わるが、柴崎の作品のばあい、「死者との共生」の意味は、いとうのばあいと逆になる。柴崎においては、この言い方で示すなら、死者について語らないことが、死者について語ることであり、死者から遠くあることが、「死者とともにある」ことだからである。

ほかに、

・「3・11」や「フクシマ」といった象徴化の拒否。

ということも、いずれの作品についてもいえるにせよ、やはり、柴崎作品とほかの四人の作品のあいだには、意味の違いが生じている。柴崎の作品にあっては、「死者」は三・一一の災害の死者ではないことで三・一一の死者につながっており、「3・11」や「フクシマ」の象徴化の拒否といっても、たとえば高橋の作品が、それを露骨に前面に出すことでそれから免れようとしているのに対し、柴崎の作品では、その拒否自体が、何ら表に「立てられない」という形で、実現されている。そこに着目すれば、柴崎の作品は、言葉を「立てて」いない点で、古川、いとう、高橋、川上のいずれに対しても逆なのである。

というか、反対に、残りの

・時制の混乱と、錯綜する複数の時間。

・メタレベルのないメタフィクションという構造。

・過去の戦争や災害、惨事などへの参照。

となると、ほかの作品にも一部観察できるにせよ、これらの要素がもっとも作品に生かされ、役割を果たしているのは、後に見るように、柴崎の『わたしがいなかった街で』なのだというほかはないのである。

だとすれば、柴崎の作品が震災後の秀作群のなかでとりわけすぐれているのは、そこに共通する要素が最も生きているからというより、それが他の作品とはそもそも、まったく違っているからと見るほうがよいのではないだろうか。

こうしてみてくれれば、斎藤の言い方は、やはり少し「大きすぎる」。また、ややおおざっぱでもある。ここに斎藤のあげる三・一一後の小説はすべて百田を作り出した「感動」社会の到来に抵抗している。しかし、ほかの作品における抵抗が、言葉を「立てた」大きな抵抗であるのに対し、柴崎の抵抗に「言葉」はない。それは、百田への抵抗であるとともに、こうした他の秀作群が示す大きな抵抗に対する抵抗ですらある。それは、言葉を「立てない」小さな抵抗なのである。

となると、次にくる問いはこのようなものである。

どうすればその小さな抵抗を取りだせるのか。

私の判断を言えば、批評は、ここでその「小ささ」への挑戦を問われている。

小さく、小さく、語らなければならない。

批評は、こうして、作品の細部——語り、構造、技法——に立ち入る理由をもつのである。

II 話体のなかで——語り、構造、抵抗

6 語りの構造と時間の構造

柴崎がここで行おうとしていることを取りだすために必要なこと。

二つのことをあげておきたい。

その一つは、この作品の語りの構造に分け入ることである。

そしてそのばあいの前提は、この小説から受けとられる読後感が、すべて、語り手「私」、平尾砂羽の見聞を元にしているという観点に立つことである。

『わたしがいなかった街で』は、三六歳の契約社員である平尾砂羽の物語だ。彼女を語り手「私」として、すべてが砂羽の場所から語られている。ここでは、いわば「私」の見聞を基礎に「わたしがいなかった街で」起こったことが、時には「わたし」が不在のまま——斎藤の言葉でいえば「メタレベルなしのメタフィクションの構造」のもとに——語られている。

作品は、砂羽をめぐって進む。砂羽は八年前、関西から東京に恋人健吾を追う形で出てきた。三年後、結婚するが、その後夫の浮気が原因で離婚している。夫の残した下町、錦糸町のマンションを売却し、二〇一〇年の春、以前住んだことのある世田谷に再び移ってくるところが、この小説の「語り」と「物語」の起点である。

錦糸町の周辺の下町は空襲ですべて焼けている。そのため、道路は碁盤の目になっている。他方、世田谷は壊滅的な空襲にはあわなかった。それで道路は戦前の形状を維持し、世田谷迷路と呼ばれている。砂羽は、戦災地図の一つの極から、ほかのもう一つの極へと、移動してくる。

元写真仲間の中井、通称「なかちゃん」を、この作品の狂言回しともいうべき存在に見立ててみれば、この作品の語りの構造が受けとりやすくなる。物語は、彼が登場すると、動き始め、折り返し地点まで主人公の砂羽が導かれると、彼は退場する。

引っ越し以後、会社でのできごと、引っ越しを手伝ってもらった友人の有子の家族との交遊、さらにこの写真教室のもと仲間・中井とのメールその他のやりとり等をめぐって話は展開する。作中、とりわけ物語の基軸をなすのが、ふだんは大阪に住んでいる中井とのメールや電話でのやりとり、それを通じて浮かびあがってくる「十年前」の写真教室での共通の仲間クズイ、そして中井が偶然大阪で出会うことからこの話のなかに入ってくるクズイの妹、葛井夏の話である。

関係の同心円を思い描けば、こうなるだろう(図1)。

まず円外の「地」の部分をなす存在として「私＝X」(砂羽)がいる。一方「図」をなす同心円中、一番外側の円のドーナツ部分に友人「中井＝Y」がおり、さらにその内側、外から二番目の円にクズイの妹の「夏＝Z」がいる。

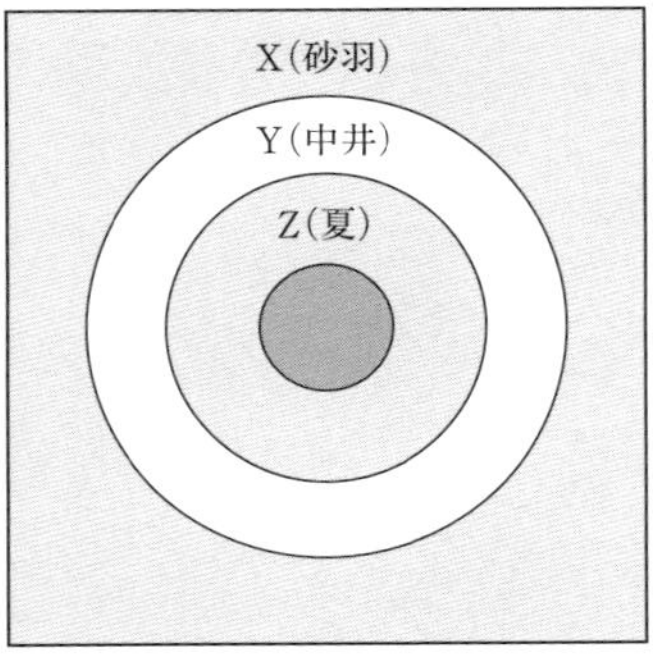

図1　登場人物の同心円

「砂羽」(X)は同心円の一番外縁に位置する「中井」(Y)とは、ときどき会うし、直接メールや電話でやりとりをする。その内側に、中井が偶然「わたしのいない街」大阪で出会い、砂羽に語ってきかせるいまは行方不明の共通の仲間クズイの妹の「夏」(Z)がいるが、砂羽(X)は、その夏(Z)に関心を抱くものの会ったことがない。夏を知らない。夏(Z)も中井から砂羽(X)の話を聞く。砂羽に関心をもつ。しかし知らない。二人は隔てられている。しかし、中井(Y)を通じて、相手の話を聞き、関心を抱きあう。なぜか。なぜ二人は相手のことが気になるのか。そこに共通の心の傾きがあると感じるからだ。その共通の心のありか、心が「ともにあること」が、同心円の内奥、外から三番目の円、濃い色で示した円をこの作品の中央に位置させている。砂羽と夏が互いに相手を自分に近い存在だと感じるのは、二人が、その真ん中の円のことを気にかけているからである。そこにはかつてあっていまはないできごとがある。かつて生きていていまはいない死んだ人たちがいる。そして、たぶん、この小説の一番の内奥にこの中空の円を浮かばせているものが、作者にとっての「二〇一一年の死者」、震災の死者たち（＝ゼロ）なのである。

この小説に動かされるというとき、「二〇一一年の死者」などどこにも出てこないのに、そんな構造が、読者の頭に浮かんでいる。というふうに、この小説の「語り」と登場人物の関係構造は成立している。「死者たち」は出てこない。しかし、一番内部の円を満たしているのは「彼ら」なのだ。

もう一つは、時間の構造である。まず、二〇一一年の「抜き取り」だが、それは作品に現れない。物語年表として示すと、その理由が歴然とする（表1）。

語られているできごとは、大きく、砂羽に起こったできごと（a）、砂羽がニュースやドキュメンタリーのDVDや本など、メディア媒体を介在させて見聞するできごと（b）、それから「なかちゃん」こと中井からの電話・直話を通じて砂羽のいない街（大阪ほか＝わたしのいない街）で起こっていることを「聞いた」話（c）に分けられる。しかし、面白いことに、この年表を見ると、ここに「二〇一一年」の「抜き取り」は現れてこない。また、中井を通じてしかもたらされない情報としては、葛井夏の物語（カテゴリーc）がだいぶさかのぼって混入している点が、奇異な点として浮かび上がる。『わたしがいなかった街で』のできごとは、見るとわかるように、一九四五年三月六日の大阪大空襲から、二〇一〇年の「お盆休み」、八月一五日までで終わっている。また、葛井夏関連のできごととして、二〇〇九年、夏が恋人と別れるというプライヴェートな話までが入っている。

どういうことか。私の解釈を述べればこうなる。

まず、その「抜き取り」は、語られた物語のなかでではなく、物語を語ること、その行為のなかで起こっている。どのようにその「抜き取り」が行われているか。たいした技巧が弄されているわけではない。作品は二〇一二年四月に発表されるのだが、その作品には、まだ「何も起こっていない」二〇一〇年の話までが語られる。柴崎が行っているのは、それだけのことである。

（しかし、余談になるが、これがどういう「抜き取り」であるかを示すため、一つの例を語りたい。敬愛する映画監督黒木和雄に井上光晴の『明日――一九四五年八月八日・長崎』を原作とする『TOMORROW 明日』という作品がある。長崎の原爆投下を先立つ二四時間に起こったことが一つの家族に焦点をあてて淡々と描かれている。何の変哲もない日常の一日を過ぎ、午前一一時二分を迎えようとすると、学校の行事で道を歩く主人公の家の娘が、青い空を見上げる。観客としての私は、どんなに、ここで映画が終わってくれ、と思ったことか。しかし、次の瞬間、閃光が走り、やがて原爆雲がもくもくとあがる。この最後のシーンで映画は終わる。）

柴崎の作品には、この「最後のシーン」がない。その前までで終わっている。しかし、最後の「できごと」はそのことで、コンと、この作品の「語り」のなかで、ダルマ落としの中間項のように弾かれ、「抜き取られて」いるのである。

とはいえ、ここに強い意志が働いていることが、柴崎の作品では、別の仕方で語られている。この二〇一二年に発表された小説には、この話の「語りの現在時点」が、二〇一〇年であることが、何度

物語年表

年月日	できごと	出現頁・章
2006.	葛井夏，両親が離婚	69
	有子，2番目の夫(昇太の父)が亡くなる	
2007.	砂羽，現在の会社に勤め始める	28
2008.	砂羽，大阪の実家に帰る	97
2009.	葛井夏，恋人と別れる	139
	砂羽，健吾との離婚を決める	19
	砂羽，母がパートを辞める	112
2010.	(この頃か)中井，葛井夏と偶然，大阪城で会う．	23
	砂羽，再び，世田谷区若林に引っ越す	1章
	中井登場．砂羽に電話，その後，訪問．砂羽に葛井夏のことを話す．砂羽の物語はじまる．	2章
4. 8	砂羽，会社で契約社員としての仕事	3章, 28
	砂羽，昇太の面倒をみる，中井からの電話あり	4章
	中井，大阪で葛井夏と会う，中井からの電話あり	6章, 56
26	砂羽，会社で同僚と話す	7章, 57
5. 連休	砂羽，近所を散策	8章, 64
	中井，大阪で葛井夏と会う，中井からの電話あり	9章
	砂羽，夜になり有子のバイト先のバーに行く	10章
	葛井夏，仕事日．砂羽，休日	11章
	砂羽，葛井夏に会えれば，とも思い，大阪の実家に帰る(しかし会えず)	12章
	砂羽，母と天王寺，一心寺で墓参りした後，東京に帰る	13章
6. 18	砂羽，新宿で買い物した後，有子宅で夕食	14章
19	砂羽，有子からの電話	15章
	葛井夏，友人と出かけ，中井にも会う	15章
	砂羽，平日は会社に行き，休日は近所を歩くかテレビを見るかする	16章
7. 11	砂羽，中井からの電話，その後，加藤美奈と有子のバーで飲む．	17章
	砂羽，仕事中に今の会社を辞めるか悩む	18章
	砂羽，中井からの電話でクズイが東京にいるかもしれないと聞く	19章
	砂羽，浜松町に向かうもクズイに会えず，中井と東京タワーに行く．大阪城の画像見せられる．これを機に，中井退場．	19章
8.	砂羽，課長に会社を辞めるかもしれないと言う	20章
	砂羽，電話で有子たちが逗子に移るときく	20章
	砂羽，チキンカレーを作る	21章
	砂羽，有子の実家を訪ねる．有子の父，富士男に会い，死んだ人のことを解釈しないという話を聞く	22章
	砂羽，有子の実家からの帰り道，自動販売機の前で倒れる．救急車で病院に運ばれる．砂羽の物語消える．	23章
	葛井夏，友人と美術のイベントに行き，帰りのバスで見た景色に感動する	23章
15	葛井夏，夏期講習からの帰りに京橋駅南口にある大阪大空襲の慰霊碑で老女と会う	24章

＊　白の部分(a)は砂羽に起こったできごと．▢(b)はメディアを介在させて見聞したできごと．▢(c)は「わたしのいない街で」起こったこと．

表1 『わたしがいなかった街で』

年月日	できごと	出現頁・章
1945. 3. 13	大阪大空襲	74
5. 25	世田谷区若林で空襲	77
6.	砂羽，母方の祖父が相生橋(広島市)の近くにあるホテルのコックを辞める	7, 55
8. 6	広島に原爆投下	7, 55
8. 14	京橋，山口県岩国・光で空襲	74
	群馬県伊勢崎・太田，埼玉県熊谷，神奈川県小田原，東京都青梅，秋田県土崎でも空襲	74
1974.	砂羽，生まれる(大阪市大正区)	24, 58
1978.	砂羽，父方の祖父が亡くなる	44
1989. 1. 7	昭和天皇崩御	128
4.	砂羽，高校(大阪市港区)入学	58, 73
1992. 3.	砂羽，高校卒業	73
1994. 12. 6	フジテレビ・カイロ支局の入江敏彦氏を乗せた飛行機が事故	32, 84
1995. 1. 17	阪神・淡路大震災	129
	砂羽，トルコ(トロイ)に行く	105
	ユーゴスラヴィア内戦のドキュメンタリーがつくられる	
1999.	砂羽，大阪・本町の会社で働く	
3. 24	コソボ空爆	107
9.	砂羽，写真教室で中井，クズイと知り合う	22, 23, 108
12. 末	砂羽，中井とクズイの家に行く	23
	砂羽，健吾と付き合い始める．健吾，東京の会社に転職(遠距離恋愛はじまる)	86, 108
2000. 3.	砂羽，写真教室が終わる	23
4.	砂羽，写真教室の打ち上げ	50
5.	砂羽，母方の祖父が亡くなる	54
11.	砂羽，呉で祖父の弟の葬儀に出席，音戸大橋の前に立つ	55, 109
	中井，ロンドンに旅立つ	23
2001. 9. 11	アメリカ同時多発テロ	95
2002.	砂羽，東京(世田谷区若林)に引っ越す(会社のマンションに住む健吾とは別々)	8, 86
2003.	砂羽，有子と職場で知りあう	15
	砂羽，父が亡くなる	96
	中井，ロンドンから帰る	23
2004.	クズイ，インドネシア(かボルネオ)に旅立つ	69
2005.	砂羽，健吾と結婚，墨田区太平に引っ越す(健吾と同居)	8, 86
	有子，昇太を産む	11
	葛井夏，母方の祖母が亡くなる	213

も断られる。たとえば、第一章、

「今は二〇一〇年になり、自分は三十六歳だった。」（八頁）

第二章、

「わたしと中井は、十一年前、一九九九年に、大阪の本町で開催されていた写真のワークショップで知り合ったのだが、クズイも参加者の一人だった。」（二二―二三頁）

第五章、

「十年前、写真教室の修了展示の終了日が平日だったこともあって、打ち上げは二〇〇〇年四月の最初の週末にあらためて、（中略）行われた。」（五〇頁）

第一二章、

「今は、二〇一〇年の夏の始まりの夜。」（一〇五頁）

『わたしがいなかった街で』は、二〇一二年四月、雑誌「新潮」に掲載される。柴崎はそれに先立ち、二〇一一年一〇月、同じく単行本に収録されている短編を雑誌「群像」に発表しているが（「ここで、ここで」）、そちらにこのような「抜き取り」の構造はない。作中の現在時点が夏であるらしいことが「三十五度」という気温の記述から想像でき（二二三頁）、事実、

「三月の地震以来、わたしは何度も神戸のことを思い出していた」（二二五頁）

という言葉によって、これが作品の発表時でもある二〇一一年のことであり、ここにいわれる「地震」が、この年の三月に起こった東日本大震災であることが誰にもわかるように語られている。

これに対し、『わたしがいなかった街で』では、この二〇一一年のできごとは語られない。そして

その断りのうちに、二〇一一年の「抜き取り」が、語られている。そして、それはこの語られる二〇一〇年と語る二〇一二年のあいだに、何も「起こらなかった」ということではない。日本の社会にも大きなできごとが起こったかもしれないが、それに促されるようにして、砂羽にも、葛井夏にも、そして砂羽と夏のあいだにも、新しいできごとが「起こっている」のである。

何が起こっているのだろう。

そのことを示すのが、右に指摘した第二の点である。

二人は、二〇一〇年、中井の話を通じて、互いに相手に惹かれた。二〇一一年、地震が起こる。それに促されるようにして、二人は出会う。二人は互いのことを話す。心を通わせる。砂羽は、二〇一〇年の夏、後にふれるように、熱中症に倒れる直前に友人有子の父の富士男さんに、「あなたはね」、自分の気持ちを人に聞いてもらいたくて「人を探してるみたいだけど」、いつも自分だけだ。「誰かに話を聞きたいとは思わないの?」と図星をさされ、衝撃を受けるのだが、その後起こった二〇一一年のできごとが、彼女の背中を押している。震災のあと、二〇一一年に、砂羽は、思い切って、「話を聞きたい」と、夏に会っているのである。

むろん、そういうことは、この小説に出てこない。しかし、この小説にとても夏が中井に話すはずのない二〇〇九年の彼女の恋人との別れの話が出てくるのは、その証左であって、夏が砂羽に直接、話したからである。同じように、この小説の最後、夏が四国を旅し、その後、大阪城の石垣の戦争の跡を見に行く二つの章が、出てくるのも、そのときの〈感動〉を、夏が二人で会った折り、心を許す砂羽に話したからで、そのことを受けて、この場面は、斎藤環の見抜いた通り、じつは、砂羽が思い浮かべる夏の場面となっている。すなわち、「この箇所では夏の視点を借りた砂羽が語っている」ということが実現しているのである。

そして、いつ、そのような出会いが生まれているのか、といえば、二〇一一年、この小説の「話」が終わったあと、――わたしのいる場所で――それは「起こっている」のである。

そのことの指標めいたものが、表1からわかることを含め、作中にいくつか点在している。

一、砂羽は、一〇年前、少々クセのある写真教室仲間のクズイから、「渡したいもの」があるといわれた。何かと訊くが、たいしたものではないので、渡したらわかるという。話はそのまま凍結される。さて小説の冒頭、クズイが行方不明となったことを、砂羽は中井から教えられる。中井が砂羽にクズイの話を持ち出したのは、つい最近、大阪城公園で偶然、クズイの妹に会ってそのことを聞いたからである。これに続き、この後述べるような経緯があり、中井を通じて聞く話から少しずつ砂羽はクズイの妹に関心を抱く。中井から砂羽の話を聞いたクズイの妹も、どうも砂羽に興味をもったようで、あいだに立った中井は、(たぶん)あんたらはよう似てるわ、と二人にいっている。そしてじっさい、砂羽は五月、大阪でクズイの妹である夏と会おうとするが、その機会は都合があわずに、先送りされる(一二章)。つまり、この二〇一〇年の話の段階で、砂羽は夏と会っていない。しかし、砂羽が七月、再び夏に「会おう」と思い、「そうやな、お礼せなあかん」(一九章)と中井に語るところで、二人の物語は「語りとめられて」いるのである。

しかし、先の私の解釈を続ければ、その後、――空白の二〇一一年に――砂羽は夏と会う。そしていろんな話をする。そこで「聞いた」話を受けて、砂羽は、自分を語り手としながら、いわば作中の

(メタレベルに立たない)書き手となって、夏を視点人物にした章を、自ら語る。表1の「わたしがいなかった街で」起こる夏を視点人物にする物語の部分(カテゴリーc)が、それにほかならない。そこに恋人との別れといった、とても夏が中井に洩らすはずのないプライヴェートなできごとが出てくるのは、繰り返せば、砂羽が「夏と話したこと」のあかしなのである。

二、またその奇異さは、この後に述べる六章のカテゴリーcの部分の内的な話体の歪み、ないし奇怪さとしても現れてくる(五七頁)。このことは後述する(後出表2のカテゴリーCに対応)。

三、そして、ついでにいうと、中井は作中、「なかちゃん」と呼ばれている。大阪に住んで、東京に電話してよこす。大阪に戻る砂羽とつきあい、ときに大阪から東京にくる。砂羽は中井から夏のことを聞き、夏も、中井から砂羽のことを聞く。四月、彼が登場すると物語が動き、七月、大阪城の写真を見せると、彼は退場し、小説は、後に述べるように折り返し地点をめぐる。彼は大阪と東京を往復する。彼はこの小説の狂言回しであり、さらには、その名の示す通り、「なか」ちゃん、中間に位置する存在、この小説の媒介者《メディウム》(媒体=展色剤)なのである。

この小説では、まず、自分(X)がいて、知り合い(Y)がいる。さらに、自分がいなかった街に生きている知り合いの知り合い(Z)がいて、彼女(Z)はしばしば媒介者(Y)を通じて、自分(X)との話に出てくる。そして、気がついてみると、媒介者はダルマ落としの中間項のようにコンと、外にはじかれており、いつのまにか、その未知の人物=知り合いの知り合い(Z)が視点人物になって、自分(X)のいない街で、生きている。

「誰が語っているのか」と斎藤がいうのは、このことである。

『わたしがいなかった街で』とは、つまり、このわたし（X＝平尾砂羽）がわたしのいなかった街で起こる知り合いの知り合い（Z＝葛井夏）の物語を、時に彼女を視点人物にする形で見守り、語る、斎藤いうところの「メタレベルのないメタフィクション」小説なのである。

そして、その結果、この小説には知り合いの知り合いZが視点人物であるような一見三人称にも似た不思議な「語り」が現れるが、これを語っているのは、作者ではなくて、あくまで作中人物である「わたし」（＝X）である。これが、斎藤環が言おうとしてうまく言えないでいる点で、また私が文芸評論家としてもっとも強調したい点なのである。

すなわち、ここに、「私」（平尾砂羽）と「知り合いの知り合い」（葛井夏）を俯瞰する第三の審級たるメタレベル——作者の私——は存在していない。

ふつうなら、砂羽（X）は夏（Z）を知らないのだから、最後の二つの章を書いているのはメタレベルに位置する作者だとなる。作者はここで神の視点をもつ大文字の存在である。何でもやれる。そのオールマイティぶりをハイブリッドにして進化をとげたのが、先に見た「災後」の小説家としての百田尚樹である。

しかし、柴崎の小説を読むと、最後、話が夏の物語に移行したあと、そこにはもう砂羽は出てこないが、「誰がこれを語っているのだろう」とわれわれは思う。これを語っているのは、作者ではない。作者よりも低位の主体でしかない。ただの登場人物の砂羽なのだ、と感じるのだ。

先の問いに続け、「この箇所では夏の視点を借りた砂羽が語っている、そうとしか考えられない」と斎藤がいうのは、この語りの構造のことをさしている。「メタレベルのないメタフィクションという構造」も、このことをさす。しかし、まだ問題が残っている。なぜ、この小説では、「メタレベルのないメタフィクションの構造」が、われわれを動かすのか。斎藤もいうように、この語りの構造を小説技術的にいえば、それは、古川、高橋、いとうの作品についてもいえる。しかし、小説が、その構造でもってわれわれを動かす――〈感動〉させる――ということは、この柴崎の作品でしか起こらない。なぜ、先に引用した個所で、斎藤はあのようにも動かされているのか。

あの語りが強い主体である「作者」ではなく、より下位レベルの弱い主体である「ただの登場人物」(砂羽)から出ていること、それが、この小さな抵抗の実体である。「拡散した主体」(登場人物の語り)がそこで、「一体化された主体」(作者の語り)の凝集力に対して、抵抗している。斎藤の論考に「〝凝集的でない〟」と語られ、また彼が、その論考を「本作が提示するフレームは、すべての「災間文学」を遡行的に再発見させてくれるだろう。「災間の風景」は、ここから展開していくのだ」とまで強い言葉で締めくくるのは、このことを言いたいがためなのである。

砂羽が熱中症で病院に運び込まれる。そこで点滴を受けようとしつつ、場面が転換する。それ以後、小説の最後までの葛井夏を視点人物とした記述は、作中の視点人物＝主人公、砂羽が語る、いわば内的な話体となる。

その内的話体を、ここで、復元話体と呼ぼう。

その説明を行うため、以下を書いていく。

7　復元話体のなかで

この小説は、わたしがいる世界とわたしがいない世界からなっている。そしてそこでは、わたしがいない世界のできごとが、伝聞と見聞を介して、「わたしがいなかった世界で」「起こった」こと、ないし「起こっていた(かもしれない)」こととして、わたしの世界にやってくる。

作品は砂羽の日常を追う。その彼女の世界は、「わたしがいる」現実の生活場面(A)と、その「わたし」が「わたしがいない」別種の現実を見聞する場面(B)と、その見聞をへて「わたし」が「わたしがいない」現実を思い浮かべ、「語り」を通じて復元し、それを自らを消し去ったまま、別様の仕方で生きてみる場面(C)とから構成されることになる。

ここにもう一つ、この「場面カテゴリーと復元話体の出現」の表を用意するが(表2)、先の物語年表(表1)の「c」が、今度は語りの構造となってここに「C」として現れている。これがここにいう復元話体の位相である。

Aは、砂羽が自分の生活を通じて経験する周囲(交遊仲間＝有子、有子の父・富士男、有子の交際相手・源太郎、有子の息子・昇太／会社仲間＝同僚・加藤美奈、課長、部長／写真仲間＝中井)とのやりとりの場面であり、語り手は「わたし」、砂羽である。Bは、彼女が各種メディア映像(ユーゴスラヴィア内戦、ベトナム戦争などのドキュメンタリーDVDほか)、本(『海野十三敗戦日記』)のほか、写真仲間中井からの電話などを通じて獲得するさまざまな身辺の情報(中井、クズイ、葛井夏らに関するできごと）からなる場面であり、同じく語り手は「わたし」。「わたし」の見聞が語られる。そしてCが、もう砂羽は姿を現すことなく、中井、あるいは葛井夏が視点人物となって展開される語りの場面であって、一見すると、作者が中井、葛井夏の物語を書いているように見えるが、じつはそうではなく、そこに「抵抗」がはたらき、私たちは、ここでも砂羽が語っているのだということを感じる。復元話体の場面であり、斎藤いうところの「メタレベルのないメタフィクション」場面にあたっている。

小説はすべてで二四の章からなる。右の三種を「語り」のレベルでいえばこうなる。

Aは、わたしが、自分の経験を語る（＝経験の想起）。

Bは、わたしが、他人の経験を他人からの見聞をもとに想起して語る（＝見聞と想起）。

Cは、わたしが、他人の経験を他人からの見聞をもとに想起したうえでその他人を視点人物に場面を復元して語る（＝見聞と想起と復元）。

そのうち、Aを「わたし／わたし」の語り、Bを「わたし／非わたし」の語り、Cを「非わたし／非わたし」の語りと呼べば、このうち、この最後のものが「復元話体」にあたる。

復元話体は、このうち、八つの章（第四、六、九、一一、一五、一七、二三、二四章）に、計一〇回、砂羽以外の登場人物である中井、夏を視点人物とする「わたしのいない」くだりとして挿入されている。表中表記の「中井復元話体（中井電話）」「夏復元話体（中井電話＋夏の直話？）」等々の説明は、後に、それが出てくるところで行う。

さて、以上大概を述べたところをプロットに従い、小さく見ていこう。中井がどんなふうにクズイ

復元話体の出現

章	A	B	C
15	6月，有子から出店の知らせ		7 夏復元話体(中井電話＋夏の直話)【134】
16	砂羽，自分のドキュメンタリー鑑賞について考える		
17	7月，加藤美奈とのやりとり，有子とのやりとり	中井からの電話⑤(沖縄での災難)，海野十三日記(7/29)	8 中井復元話体(中井電話)【143】
18	会社の話(加藤美奈，正社員採用)		
19	中井とおちあう，帽子を受けとるがクズイと会えず，中井退場	中井からの電話⑥(東京，クズイの出現と追跡)，海野十三日記(3/3，7/29)	
20	8月，会社で課長にやめるという，有子から出店中止の話		
21	自動販売機の音を聞く	ドキュメンタリー(ベトナム戦争)，海野十三日記(8/15，10/21，12/31)	
22	有子の家で富士男から深い言葉，帰路熱中症で倒れる		
23	救急車で病院へ．意識朦朧として点滴を受ける		9 夏復元話体(媒体不明＝夏の直話？　夏，四国から大阪へ，夕陽見る)【200】
24			10 夏復元話体(媒体不明＝夏の直話？　8月，京橋の空襲跡地へ)【章全体】

＊　A は砂羽(わたし)の経験したことの砂羽(わたし)による語り(わたし／わたし)．B は砂羽(わたし)の経験しない「見聞・伝聞」の砂羽(わたし)による語り(非わたし／わたし)．C は砂羽(わたし)が「伝聞」したことをもとにそこに登場した中井あるいは夏を語り手に「伝聞」を復元する語り(非わたし／非わたし)．「夏復元話体(中井電話)」は，砂羽が中井の電話で聞いたことをもとに夏を語り手にその「伝聞」を復元した復元話体であることを示す．【　】は出現頁．

表 2　場面カテゴリーと

章	A	B	C
1	春，砂羽の引っ越し，錦糸町から世田谷へ(有子ほか)		
2	4 月，中井登場	中井からの電話①，クズイ，クズイ妹の話(中井)，DVD(ユーゴ内戦)	
3	会社(加藤美奈)	海野十三日記(4/9)	
4	砂羽のマンション生活(有子・富士男・昇太)	中井からの電話②(中井・クズイ妹の情報)	1 中井復元話体(中井電話)【46】+2 中井復元話体(中井電話)【48】
5	砂羽の回想(大阪時代・クズイの帽子，祖父)		
6		中井からの電話③(クズイ妹の情報)	3 中井復元話体(中井電話)【56】+4 夏復元話体(中井電話＋夏の直話？)【56】
7	会社(加藤美奈ほか)	海野十三日記(4/27)	
8	マンション近辺での世田谷散策	海野十三日記(5/26)	
9	砂羽の回想(大阪時代)	中井からの電話④(クズイ妹の情報)	5 夏復元話体(中井電話)【69】
10	有子の店(縞の帽子の店)	ドキュメンタリー(第二次世界大戦)，中井からの手紙(写真同封)	
11	死んだ父の回想	ドキュメンタリー(対イラク戦争米軍訓練)	6 夏復元話体(媒体不明＝夏の直話？)【89】
12	5 月，大阪に帰還して中井と会う，夏には会えず．京都行(中井)		
13	大阪で母と墓参り		
14	東京に戻る，新宿(美奈)，有子，自動販売機		

の妹を引っ張り出してくるか、そこで、砂羽―中井―夏の「回線」がどうつながるか。そこで砂羽の「主体」がどのように「拡散」したまま持ちこたえられているか（以下、括弧内は出現頁である）。

小説は大きく二つに分かれる。

第一区分は中井の登場から中井の退場まで（第一章―第一九章）。砂羽がクズイに会えず、しかしクズイからの帽子を受けとり、東京タワーに上り、降りてから中井に大阪城の機銃掃射跡の画像を見せられる。そこで小説は、折り返し地点にきている。

第二区分は、中井が退場し、砂羽が現実に向きあう章である（第二〇章―第二四章）。それまでは逃げていた。しかし、砂羽は、もう逃げることをやめる。上司に会社をやめるといい、友人の有子の店に移る見込みが狂って職を失う。しかし前向きに進もうとして、富士男さん（有子の父）の言葉を聞く。帰路、熱中症に倒れる。彼女は救急車で運ばれる。

そしてその後、砂羽ではなく、夏が四国を旅し、大阪を歩く二つの章が続く（第二三章、第二四章）。その夏が、砂羽の企てを引き継ぐように、二〇一〇年の八月、大阪で、大阪城の機銃掃射跡を見に行く。この最後の章は、章の全体が、復元話体となっている。その話を砂羽は、二〇一一年に、夏から聞いている。

8　第一区分、中井が媒介する（第一章―第一九章）

中井登場、クズイ妹が話に出る（第一章―第三章）

まず、媒介者、中井が出てくるのは、第二章である。砂羽の引っ越しの場面。携帯が鳴り、ふとみると、「なかちゃん」の字が浮き上がり、中井はもう扉の向こうにいる。じゃじゃじゃーん。しかし、中井が立っていたのは、砂羽が引っ越したもとの家。いまでは別人が住んでいる。

「ピンポーン。こんにちはー。あれ?」(中井、砂羽に、電話と現地とで)

「ごめん、なかちゃん、わたし、引っ越してそこにはおらん」(砂羽、中井に、電話で)

「間違えました!」(中井、現地で、新住人に)

向こうで、中井は誰かと言葉を交わした。二週間前まで住んでいた、錦糸町のあの部屋から誰かが出てきたのだ。一瞬だけ、いるはずのない元の夫が玄関ドアを開ける図が、頭をよぎった。

「失礼しました。……なんか、作業服のおっさん出てきたやん。どこで間違えた? おれ」

(一七頁)

これが初登場で、その後の復元話体のダイナミズムを、この数行で彷彿とさせる。その後、電話で砂羽から新住所を聞いて、電車をのりつぎ、中井はやってくる。

そこで彼はクズイの話をする。「あ、そやそや、クズイって行方不明やねんて」(二二頁)。中井はそれを誰から聞いたのか。「インドネシアとかボルネオとか言うてた」「誰が?」砂羽が聞く。「クズイの妹。おれ、たまたま会うてん、大阪城で」。こうしてクズイ妹、葛井夏(二四歳)が、平尾砂羽(三六歳)のもとに「知り合いの知り合い」として舞い降りてくる。

第三章でも砂羽はクズイを思い出している(三二頁)。

復元話体の出現、回線がつながる(第四章—第五章)

第四章。ここにこの小説のカギとなる話体がはじめて登場してくる。「復元話体」である。似た話体の考え方に、フランス語の自由間接話法とかドイツ語の体験話法とかがあるが、それらによって説明するという方法をとらない方がわかりやすい。ここに展開されている話法ははるかにダイナミックだからだ。

例をあげよう。中井から電話がくる。中身は大阪城での話だが、次に引くように、ある個所(四六頁九行目)から、急に、砂羽が聞いている話を元に、その中身が「中井は……」と中井を主語にした語りに変わる。これが、砂羽が中井から聞いた話を元にして、中井を主語に(一見三人称小説の語りと見分けがつかない形で)再構成した、ここにいう「復元話体」の最初の出現例である。

中井が視点人物、中井の電話から復元したのでこれを「中井復元話体(中井電話)」と表記しておく。このように表記するとわかるが、その後、砂羽が何から復元したのかわからない「復元話体」が出てくる(6、7、9、10)。「(媒体不明=夏の直話?)」としてあるが、理由は先に述べたとおりである。

ここでは、「1中井復元話体(中井電話)」が、以後四七頁一〇行まで続き、一一行目で、何の断りもなく地の文に戻る。こんなぐあいである。

〔1中井復元話体(中井電話)。中井がブラジル人と会話している。これは砂羽が中井の電話か

ら復元したもの。」

中井は感心した。へえー、ええこと言わはるな。誰に聞いたん。今生活している教会の人です。さすが。ところでどっから来たん？　どこの国の人ですか？　ブラジルです、サンパウロ。わたしは、いろんな人に会うのが好きですね。誰かと話して考えるのはとてもおもしろい。へえーっ、おれといっしょやな。（1）

「平尾さん、わかる？　道徳みたいな感じって。どこの学校行くのか、なんの仕事するのかも神様に相談する言うてたで、その子は」（2）

携帯電話を耳につけたまま、わたしは冷蔵庫を開けて黄色い光の中からペットボトルのお茶の残りを取りだして飲んだ。（3）

（四七頁）


この呼吸を覚えておいてほしい。右のうち、三つの段落の一つ目（1）が復元話体（中井が大阪城でブラジル人と話した。そのことを電話で砂羽に告げた。これをもとに砂羽が中井を主語に「復元」している）の部分。次（2）がそのもととなっている中井の電話の（それに続く部分の）声。そして三つ目（3）が、それを聞いてその入れ子の語りを復元している砂羽の（それに続く）語りの地の文である。

このリズムが、柴崎のこの小説の「語り」の復元話体の基礎部分をなしている。このくだりは、さらに三行のやりとりのあと、再び中井復元話体に戻る。そこにクズイ妹が出てくる（2中井復元話体（中井電話））。しかしこれはまだ復元話体としては過渡的な中間形態にすぎない。このことについては後でまた戻る。

このとき、砂羽は、中井に「名前はなんて言うの、クズイの妹」、また「会うたら、フルネームで確認しといて」と聞いている。砂羽は、後にふれるが、前記の精神分析医である斎藤環にいわせれば発達障害的な兆候を指摘されるような人物である。ほんとうはそんなに他人に関心をもつタイプではない。だからこの質問は不自然なのだが、私の考えでは、砂羽―中井―夏「回線」の開設のために、作者が、その不自然さに目を瞑ってこういわせている。これが後、第六章で生きる。

このあと、第五章では、一〇年前の回想が出てくる。クズイが、「渡したいもの」について話す場面というのがそうである。じつは、渡したかったのは砂羽の帽子と色違いの同デザインの帽子で、砂羽は、その帽子を前夫の健吾とペア・ルックの形でもっていた。クズイは、赤と青の縞の砂羽の帽子を見て、自分のもっている青と黒の縞の帽子(以前つきあっていた女の子のもの)を砂羽にあげようと思った。後にこの帽子がクズイの妹と砂羽をつなぐ「ハンカチ落とし」の「ハンカチ」のような存在となる。これも砂羽―中井―夏という「知り合いの知り合い」間の「回線」開設のための伏線である。

中井経由で、夏の名前が砂羽に届く(第六章―第八章)

次がやや重要である。第六章。会話の内容は、第四章で、名前を「フルネームで」確認しておいて、といわれたので、中井が一週間後、名前を聞いて、砂羽に報告している。

曰く、「一週間後に、中井はクズイの妹に話を聞いてきた」。媒体は、電話。その後、完全な「3中井復元話体(中井電話)」へと移行する(五六頁)。中井曰く、確かめたら、クズイの妹、名前は夏だったと。そこから一転、夏が視点人物となり、「4夏復元話体（中井電話）」へと半分、離陸する（五六―五七頁）。

これが、前出の最後の二つの章、斎藤の引用する夕陽の場面を含む葛井夏の章を作る「夏復元話体」の初出現の場面である。ここでは復元の元媒体は中井の電話、といいたいところだが、しかし、よく読むと、中井からの電話をもとに復元したにしては少し奇妙である。こうなっている。

（夏は――引用者）中井に兄の名前を出されたとき、十一年前に家で大騒ぎをされて腹が立った記憶がすぐに戻ってきたというのはあるが、馴れ馴れしくしゃべり続ける坊主頭の男になにか特別な縁を感じたりはしなかった。母親が違って年も離れていた兄とはもともとそんなに話さなかったし、中井はその兄よりもだいぶ年上のはずなのに小動物みたいに丸くて黒い目で落ち着きがなかったが、犯罪者やつきまとうタイプにも見えなかったので、話しかけられたから答えた。（五七頁）

これが、中井からの電話で、砂羽が聞いた中井とクズイ妹＝夏とのやりとりから、砂羽が後に復元した話体場面である。しかし、そう考えるとおかしなところが出てくる。そのばあい、中井は電話でどんなふうにいったことになるのか。「クズイの妹な、おれらがクズイの部屋にいったときのこと覚えてる言うたわ。めっちゃ腹立ったんやて、あんとき」とはいったろう。しかし、「中井さんと最初会うたとき、馴れ馴れしいなこの坊主頭のおっちゃん思たけど、特別に縁感じたわけやなかってん」

と、夏が中井に話したと、中井が、砂羽に電話で報告しているとは、考えにくい。クズイ妹が、こんなことを中井に直接いうとは想像しにくいからだ。これが伝聞を復元して再構成されているのだとすると、ここで夏が話している相手は、むしろ砂羽である。この想定では、夏が砂羽にこう直話で話している、「中井さんと最初会うたとき、馴れ馴れしいなこの坊主頭のおっちゃん思たけど、特別に縁感じたわけやなかってん」と。

場所はどこか。時点はいつか。

そこで私の仮説は、先に述べたようなものになる。第一。夏は砂羽に話した。では、それはいつのことか。本文中、夏と砂羽に直接の回路はない。このことは、二〇一〇年のこの「物語」の現在時点から、二〇一二年のこの「語り」の現在時点までのあいだに、何らかの形で、砂羽と夏のあいだに、直接のつながりが生じていることを示唆している。そのきっかけを与えたのは、たぶん作品の最後近く、第一九章で、上京してきた中井経由で夏から砂羽に手渡される青と黒の縞の帽子だろう。クズイが一〇年前に「渡したい」といった帽子は、クズイが以前つきあっていた女の子の持ち物だった。砂羽にとっても前夫健吾とのあいだに因縁のある帽子の色違いだった。それが、この間のやりとりを通じて、一〇年後、夏から中井、中井から砂羽へとリレーされる。

「そやねんけど！　実は、おれ、ええもん持って来てんねん」

中井はリュックサックから、黄色いナイロンの袋を取り出して、わたしに差し出した。

「クズイの妹から預かってきた」

「あ」
袋の口を開けると、縞々の帽子、スウェットの青と黒のボーダーが見えた。取りだすと、安全ピンでメモ用紙が留められていた。（中略）
高速道路の高架の近くにあった、洋服屋の重い木のドア。狭い店の真ん中の台の上。あの場所。わたしのかぶっていた赤と青の縞々、健吾の部屋に転がっていた青と黒の縞々。どんな人なのかわからないけどクズイの好きだった女の子、メモを書いたクズイの手、袋に入れて渡したクズイの妹の手。それらが全部、いっぺんに、わたしの中に現れた。もうない場所、行けない場所、会えない人、会うかもしれない、どこかにいる人。

（第一九章、一六四―一六五頁）


このとき、中井は砂羽に、「妹（夏のこと――引用者）のほうは平尾さん（砂羽のこと――同前）のことも、なんとなく覚えてるみたいやったで」といっている。そして続けて中井に「今度、大阪帰ってきたら、（クズイ妹＝夏と――同前）会うたらええねん」といわれ、砂羽は中井に、

「そうやな。お礼せなあかん」

と答える（一六六頁）。

砂羽はこの後、一度、中井に電話し、メールも出している。でも三週間たっても返事が来ない。「中井と知り合ってから十年以上のあいだにこういう感じで一年近く音信不通になることがときどきあった」、その音信不通期の周期がまたはじまろうとしている。事実、中井はこのあと、第一九章を最後に、作中から消えたままとなる。中井は退場する。しかし、以後、中井が出てこなくなるのは、

これでもう中井の媒介者としての役割が終わっているからだ。砂羽と夏のあいだに、この後、直接のやりとりがはじまろうとしている。二人は直接に接触し、たぶん、そこで、先の後段の話――「中井さんと最初会うたとき、馴れ馴れしいなこの坊主頭のおっちゃん思たけど、特別に縁感じたわけやなかってん」――を、砂羽は夏から「聞く」のである。

そこで直接夏から聞いた話が、いま中井から聞く話とダブって、語られている。二〇一〇年から二〇一二年までの「見えない地層」の堆積が、ここに顔をのぞかせている。私の仮説をいえば、それが先の引用個所の奇妙さの、示唆していることである。

中井、夏に砂羽のことを話す（第九章―第一一章）

続く中井との話は、第九章に出てくる。中井からの電話は、「ほんで、昨日は大阪城行った帰りにクズイの妹に会うて」（六九頁）。

おお、またクズイ妹！　実は、中井と夏は会う約束をしていた。夏は兄クズイの撮った写真を家の片隅に見つけた。それを中井に見せるというので会ったのである。砂羽としてははじめて聞く話である。夏を主語にした「夏復元話体（中井電話）」が再び現れる（六九―七三頁）。ここで中井は夏に砂羽のことをはじめて話している。

（5夏復元話体（中井電話））

なかちゃんさんも写真に写っていますよ、と白黒写真のほうの箱を開けて、夏は端の何枚かを取りだした。（中略）真ん中あたりで一人だけ振り向いているのが中井だった。（中略）写真の右下に大きく写っているうしろ姿を、中井は指でつついた。おー、この縞々の帽子被ってるのん、顔見えてへんけど平尾さんっていうて唯一今でもつきあいのある子やねん。

（七一頁）

ここは、完全に、中井の電話での話を聞いて、砂羽が復元していると考えられる個所で、先に見たような――奇妙さをもつ――変形復元話体にはなっていない。

次は第一一章。葛井夏の勤める学習塾での夏の話。夏は中学の同級生太田と偶然出会い、言葉を交わす。こちらは再び完全に砂羽が夏から聞いた話をもとに復元したとしか考えられない、「6夏復元話体（媒体不明＝夏の直話？）」である。

砂羽、夏に会いに行くが果たさず、大阪城の話（第一二章―第一四章）

第一二章で砂羽は大阪に帰る。特別に用事はない。しかし、「クズイの妹に会ってみたい」（九八頁）。だが、「中井に聞いてもらったところ」都合があわない。ただ、大阪への帰り、砂羽は中井に、大阪城に残されているという八月一四日の空襲による機銃掃射跡を見てきてくれ、と依頼する（一〇六頁）。そしてこれが、先の帽子ともう一つ、砂羽と夏をつなぐ重要な「回線」となる。

東京に帰ってきた砂羽は、マンションの近くの自動販売機ではじめてお茶を買う。自動販売機もこの後、重要な存在になる。

夏、砂羽に関心をもつ（第一五章—第一八章）

第一五章。東京での砂羽の有子との話に続き、場面が、一行あけで「夏復元話体」に変わる（一三四—一四一頁）。夏は友だちのななみといるとき、京橋駅前（大阪）で中井と会う。この話体部分、夏が中井に会う後の個所（一三五頁—）は、中井からの伝聞に基づいたものと考えられる。中井からの伝聞と夏からの直話との二つから復元されている（7夏復元話体（中井電話＋夏の直話））。ここでのやりとりに、再び砂羽が登場する。中井が夏になにげなく訊く。「京橋の駅の近くに慰霊碑かお地蔵さんみたいなんあるから写真撮っといてって友だちに言われてんけど、見たことある？」（一三五頁）。「友だち」とは右の第一二章を受けた砂羽のことなのだが、この話に、夏が反応する。


それ、見つかったら教えてください。キジュウなんとかの跡。夏が言った。そんなん、ほんものあるんやったらすごいやないですか。

ああ、また今度。っていうか、（中略）クズイといっしょに写真教室行ってた平尾さんていう、あ、そやそや、あのとき家に行ったときもいっしょにおったんやけど、なんや妙なことに詳しくて。機銃掃射はP—51って戦闘機やとか。

変わってはりますねえ。うちの兄といっしょぐらいの年ですか？（一三六頁）

ここは、もとの電話での中井の話としては、こうだったかもしれない。「いや、クズイの妹ってな、ちょっとあんたに似てるんやわ。こんなこと言ってん。……」。二人は似ている。砂羽は関心をもっただろう。夏も関心をもちはじめている。中井はこのとき、夏に砂羽の苗字も告げている。平尾さん、と。

ここからまた、私の先の仮説が力を吹き返す。砂羽と夏、二人はその後、つきあうようになる。いろんな話をする……。たとえば、中井の知らない、夏のほかの友達(ななみや綾乃)との話も、砂羽は夏から直接聞いている。ここでの夏復元話体は、夏が中井と別れたあと、これらの友達と入ったマクドナルドでのやりとりにまで及んでいる。そしてそこには、よほど親しくなければ語られないだろう、夏の個人的な秘密ともいえる思いまでが、吐露されている。先にふれた、彼女が恋人と別れたという話である。夏は隣の席の女の子の広げた雑誌を「なんとなく目で追」う。綾乃がやってきて「どしたん？　なんかあった？」と訊く。「ううん。なんもない」。「びっくりした、泣いてんのかと思った」。夏は話を変える。

隣のテーブルで開かれていたページは、配偶者や恋人からの暴力について啓発する内容だった。「ものを壊される」「なにを言っても無視される」という文字を見たとき、一年前までつきあっていた三つ年上の相手がコップや本を壁に向かって投げつけた姿、ドライブの途中に立ち寄ったファミレスで彼がまったく口を利かなくなり一人で車に乗って帰ってしまって自分は最寄り駅まで二キロも歩いたときの知らない郊外の道、などが脳裏に蘇った。

(一三九頁、傍点引用者)

二〇一一年、どこかで夏と砂羽が出会い、ときを重ね、二四歳の夏がこんなことを三六歳の砂羽に語るまでに「ともに」時間を過ごすことがあったのだとしたら、そしてまた、そのときの会話をもとに、いま、二〇二二年、砂羽が私たち読者に向かって夏を思い浮べながら彼女を語り手にした自由間接話法＝復元話体で語っているのだとしたら、さらにまた、そういうことがすべて「語られない」ことの表徴としてここに二〇一一年が抜き取られ、空白となって示されているのだとしたら。

――そうだとしたら、私たちは、いったいどういう小説をここで前にしていることになるだろう。そして私たちがそこに、大震災被災者との「回線」が穿たれていると感じ、斎藤と同じく、〈感動〉をおぼえるとしたら、それは、なぜだろうか。

その理由は、斎藤が先に述べたような言い方ではうまくいえない。「死者とともに語る」というような形で、いえることではないからだ。それは、もっと小さなことである。しかし、こういう仕方でしか、私たちは死者に向いて、歩いていけないのではないだろうか。

いずれにしても、なぜ砂羽がこんな話を語ることができるのか。

中井経由はありえない。夏が、あの「馴れ馴れしくしゃべり続ける坊主頭の男」にこんな大事な話をするはずがないからだ。

先の砂羽と夏がこの後会っているだという私の仮説は、このあたりにくると、だいぶ、有力になる。

クズイとのニアミス、帽子、小説が折り返し地点に到達し、中井は退場（第一九章）

第一九章。ここでは先にもふれたが、中井が東京へくる。クズイが日本に戻っているというのだ。

「渡すもの」は何だったのかとクズイにきいてと伝言した後、何度か携帯電話などを通じてのニアミスがあり、砂羽はまたしてもクズイに会えない。しかし、その後、帽子が渡される。それはクズイの妹から託され、中井が東京まで持ってきたものである。

さて、作品全体を見渡すと、この「帽子」の到来が、この作品で、一つの区切りをなしていることがわかる。

それまで砂羽は、斎藤が指摘しているように外の社会との関係をうまく取れない、それで、前夫健吾にも知らないうちに浮気をされ、契約社員として働いている会社でも、推薦されて社員になるところが直前でダメになった、と自分で感じる、いわば発達障害気味の人間だった。彼女は自分をこうみなしている。

複数の人間が関わって、二重三重に暗黙の了解みたいなもので囲われた状況が苦手だ。それは三十六歳にもなって人の気持ちを考えられない、もしくは人づきあいのルールがわからない未熟な人間ということなんだとも思う。（三〇頁）

後輩の加藤美奈と話していても、

「わたし実はー、つきあってる人が、廈門の出身なんですね。内緒ですよ」（中略）

「そうなんですか」

「そうなんです」

続きがない。1詳細を言う、2聞いてほしいという、3言わない、のいずれかを選んでほしい、と思う自分はコミュニケーション能力が欠如しており人の心がわからないということなのだろうか、と気が引けてしまう。三十年も前から、同じことを繰り返している気がする。

（三一―三二頁）

しかし、この中井の上京、クズイとのニアミス、にもかかわらず届けられたクズイ妹からの帽子は、砂羽に何ごとかをもたらしている。そのことはこのとき、彼女がクズイを羽田まで追った後、中井と東京タワーという高い位置にある「別天地」に赴くことでも暗示されている。またその後中井から、「大阪城」の機銃掃射跡の画像を見せられることでも暗示されている（一七二頁）。

このあと、砂羽ははっきりと変わる。これまで現実から逃避し続けてきた砂羽が、目立たないながら、明確に、現実と「向きあい」はじめる。

「感動」を避けて、抵抗しつつ進むこの物語は、このあたりから向きを変え、別種の〈感動〉へと辿る。砂羽の回復の行路へと続くのである。

9　第二区分、砂羽が一歩を踏み出す（第二〇章―第二四章）

小さな反乱（第二〇章）

第二〇章。砂羽は一歩を踏み出し、失敗し、しかし後に引けなくなり、外の世界に漂い出る。

先に砂羽は有子から新たに池尻に出店するのでそこで働かないかと誘われていた。そのことも頭にあり、ある午後、課長のほか誰もいない機会を見つけ、なぜ自分が正社員になれなかったのかという去年からの気がかりにけりをつけるべく、「仕事のことを話してみようと」課長の席に近づく。しかしいざ口にしてしまうと、それは、「あの」、続けて「ちょっと、聞いてみるというか、まだ決めたとかではなくて、伺ってみるだけなんですが」「はい」「伺ってみるだけなので、他の人には言わないでほしいんですが」「はい」「辞めようかと、考えています」「そうなの？　いつ？」というやりとりになる。そして案の定、その話は終業時刻までにはしっかりと部長にまで伝わっていて、帰りのエレベーターで部長に「辞めるんですってね」。「残念ですよ、来年は、社員に推薦しようと思ってたのに」。砂羽はうちひしがれる。なぜこうも人は平気で「思ってもいないことをわざわざ言う」のか。そして傷つけるのか。ところが帰宅すると、有子から電話があり、出店の話は、ダメになったと聞かされる。砂羽の命がけの、清水の舞台から飛び降りるほどの覚悟でなされたコミットメントは、こうしてあっさりと彼女を職なしの境遇へと追いやる。

しかし、ここから、明らかにこの小説の基調(トーン)は、変わる。

それまでは何かから逃げていた。でもこれからはその何かと向きあう。自分の殻から幽霊のように漂い出た砂羽は、そう思うからだ。

そういう砂羽に、先に一度出てきたマンション近くの自動販売機が、自分に重なるものと見えてくる。

自動販売機である私（第二一章）

自動販売機。前の章の有子からの電話で、会社を辞めた後の展望が消えたとわかった後、聞こえてくるのが、自動販売機からの音である。第二一章の冒頭、

土曜日。がしゃん、がしゃん、と一定のリズムで金属の音が響いている。（中略）ベランダに出てみると、自動販売機の前に、トラックが停まっていた。（一八一頁）

自動販売機とは何か。

「（前略）あのー、子供のとき、切符の自動販売機の中にちっちゃいおっちゃんが入ってるんじゃないかって考えなかった?」（一二頁）

作品冒頭近く、砂羽が引っ越しを手伝いにきた有子にいう言葉である。こういって、その時砂羽は、そんな雑な話、とあしらわれている。そのすぐ後、「マンションからすぐのT字路の突き当たり」に自動販売機のあることが示される。有子の男友達源太郎がそこでコーラを買う。すると「機械の中をボトルが落ちていく音が、周りの家の壁と屋根に響」く。「がが、がこ、ごとん」。自動販売機は、いつもそこに立っている。誰かが何かを買いに来る。するとお金を受け取り、品物を差しだす。品物が

なかで一人で増殖しているんなら、どうだろう？　作中、その自動販売機と、内部から聞こえてくる音は、節目節目に砂羽の目をとらえ、耳に届くたび、どこかに違う世界があることを考えさせてきた。ある日、彼女はその前に立つ。

バスを降りて、（中略）左に曲がると、あの自動販売機で、とても小さい老女がなにかを買い、駐車場の向こうの家に入っていった。わたしは自動販売機の前に立った。（中略）百円玉を投入し、初めてそこでお茶を買ってみた。（一三二頁）

トラックの作業が終わると、自動販売機はまた静かになった。いまやはっきりと会社からも社会からも切り離されようとしている砂羽は思う。

いいな、と思った。あの自動販売機は、毎日いろんな人が「飲み物をください」と買いに来て、飲み物を渡すと、口に出していわれはしないが、きっと少しは感謝されているだろう。いいな。そういう仕事が、したい。（一八二頁）

今度会ったら、加藤美奈に、そのことを話してみよう。自動販売機のなかに人が「入ってたら」どうだろう。たぶん日本に自動販売機が多いのは日本の人が自動販売機が好きだからだ。「だからこんなに、あらゆるところにある。一言もしゃべらないで、誰にも知られず飲み物を買いたいから。でも感謝だけはしてもらいたくて。感謝もしたくて。そんな「矛盾」した願いを体現して、自動販売機は立っている。

じゃあその矛盾を形にして、たとえば十台に一台ぐらい、暇な人が自動販売機の中に入っているのがあってもよくないですか。銀座の道端で宝くじ売ってる一人用の箱みたいなの、あれって東京でしか見たことないんですけど、ああいうのの飲み物版。時給百円ぐらいでいいから、そこにわたしが入ります。「お茶をください」ってお客さんが言うから、そしたらわたしも「今日は暑いですね」ぐらいのことを言うタイミングがあるし、やりがいを感じられるんじゃないかな、

（一八三頁）

「ないな。却下やな。こんなこと、人に言うのは恥ずかしすぎる」。砂羽はこの「脳内会議」を中止するが、この後、逗子に引っ越した有子の家を訪れ、譲渡物を受けとりがてら、有子の父の富士男に、なぜ自分は戦争のドキュメンタリーなんかの中毒のようになっているのか、はじめて説明を試みる。

かつて、そんな砂羽の様子を見て、ヒッピーふうの暮らしをしている富士男が、「変わったもん見てるね」「モテないよ」「男が来るときはもうちょっと楽しげなやつつけとかなきゃあ。というか、テレビなんかないに越したことないんだけどさ」といった。そのとき砂羽は何の反応も示せなかったのだが、それは、世界の側からの砂羽への的確な批評だった。砂羽はいま、意を決して、その世界と――彼女の生きる世界と――「向きあおう」とするのである。

富士男さんのことば、ショック、熱中症、復元話体(第二二章―第二三章)

有子の家にいくと、富士男と女友達がいる。砂羽はもらいものの片付けを手伝ってもらいながら、一見片手間に富士男にいう。「あのー、なんで戦争の映像見てるかって話ですけど」。

「あ? ああ」

エアキャップで陶器を梱包していた富士男さんは、手を止めなかったし顔も上げなかった。

(一九一頁)

自分が何で「戦争の映像見てるか」というと、「全然わからない」からだ、いくら見ても、「ほかにできることがあるのに、たいていの人がこんなことはやりたくないと思ってるのに、なんでこうなるのか、(中略)全然わからないんです」。

砂羽は動作をとめていう。

これに富士男は、あっさりと返す。あなたは、「自分のそういう気持ちを言いたくて、聞いてくれる人を探してるみたいだ」、でも、「誰かに話を聞きたいとは思わないの?」(傍点引用者)、「なんていうか、自分の考えに合うことだけを探しているようにも見えるんだよな」。

富士男は、自分の父や兄は戦争を経験して満州やシベリアにもいったようだが何も話さなかった。「だからとりあえず、おれはそのことについては勝手に解釈しないようにしてる」という。

「親父も話そうとはしなかったけど、おれのほうも、結局一回も聞かなかった」（一九三頁）

砂羽はこの富士男とのやりとりから元気をもらう。

「じゃあ、あのー」

わたしは正座して、呼吸をととのえた。

「有子がいなくてもたまにごはんとか食べにきてもいいですか？」（同前、傍点引用者）

その申し入れは、作中、富士男のノンシャランな女友達に軽くからかわれながらも、しっかりと相手に届く。ここにこの小説の一つの終点が小さく記されている。そのことをこういってもよい。富士男は大震災の後、何よりも大事なことを、ここで口にしているのである。「遠い人」とつきあうときには、その「遠さ」を尊重しなければならない、そしてその「遠い人」のいうことに、たとえ聞こえなくとも、その距離を尊重しつつ、耳をすませ続けなければならない。その言葉を砂羽はしっかりと受けとり、少し元気になっている。そして富士男は砂羽のその元気をはっきりと受けとって、その申し入れを聞き入れている。その手応えを抱きながら、砂羽は、いとまを告げて自分のアパートに向かう。彼女はショックを受けてもいる。世界が「全部真夏」の日。バスに乗らず、歩いていると、途中、熱中症にかかり、砂羽はとある自動販売機の横に「座り込」む。

もたれている自動販売機でとにかくなにか買って飲みたいが、立ち上がれない。だからやっぱり自動販売機の中にわたしが入っていたらよかった。そしたら、動けない人に飲み物を渡すことができるのに。

「だいじょうぶですか」

とうっすらと聞こえたような気がした。

（一九六―一九七頁）

誰かが倒れた自分に声をかけてくれる。その誰かとは自動販売機なのだ。この小説では、大きなことが、「うっすらと」小さく語られる。そしてそのことが読者を動かす。余りに小さな声で語られるので、読者はそのこと――自分が動かされていること――に、なかなか気づかないほどだ。斎藤環がいおうとしているのも、このことなのである。

この先、章が変わり（第二三章）、彼女は救急車で運ばれる。そしていま病院にいる。点滴がはじまろうとする。すると話は一転、四国からの帰り、夕陽を見て間接的な〈感動〉をおぼえる、あの斎藤の引いている「夏」のシーンとなる。

こうして、世界はいま、「復元話体」のなかに移る（第二三章、第二四章）。

10　全体的な消滅

最後の二つの章（第二三章、第二四章）の語りにふれ、斎藤環は、次のようにいっている。

ここでは誰が語っているのか。少なくとも「夏はそう思った」とは書かれていない。これまで夏の主語は「自分」と記されていて「わたし」ではない。そう考えるなら、この箇所では夏の視点を借りた砂羽が語っている、そうとしか考えられない。

ここに小説の奇跡がある、と言えば言葉が過ぎようか。しかし少なくとも、このシーンを、この「主体の複数性」を活かしたまま映像化することは不可能だ。それを可能にしたのが「言葉」であり「声」であるためだ。ここでは、一つの風景を前にして、複数の主体の「声」が交錯し共鳴する瞬間が記されている。明示されていないが、この場面を支えているのが夥しい「死者たちの声」であることは言うまでもない。

（前掲「「死者」たちはどこで語るのか」）

ここに斎藤が述べていることを、不正確だとはいうまい。彼がこの作品のもつ意味を正確に、またとても正当に受けとめていることは疑えないからだ。しかし、最後の砂羽の語り、復元話体をささえているのは、死者たちの声ではない。柴崎は自分の作品と東日本大震災の死者たちの距離を「遠い」ままに維持している。ここに死者たちはいない。死者たちは遠くにいる。

この小説と、そしてあの復元話体は、三・一一の大震災をへて、死者たちがなおも遠くにいること、そのことにささえられている。それが、『わたしがいなかった街で』の抵抗が、大きさに抗して小ささにとどまることで実現している、「前代未聞」の広さの意味である。

ここで、冒頭の問いに戻ろう。このたびの複合災害は、何をもたらしているのだろうか。

一九二三年の関東大震災が文学に新感覚派、プロレタリア文学という異種の「新しさ」の流れをもたらし、一九九五年の阪神・淡路大震災がライトノベルという「軽さ」の勃興に一役買ったとすれば、いまのところ今回の複合災害後の動きは「感動」社会の到来という「大きさ」の形をとり、それへの反応として、「感動」への小さな抵抗を文学のなかに作り出している。

しかし、たとえば一九二三年の関東大震災は、異種の文学の「新しさ」を生みだすと同時に、社会に大きな変化をもたらすものでもあった。永井荷風は、書いている。

今の世のわかき人々
我になゞりそ今の世と
また来む時代の芸術を。
くもりし眼鏡ふくとても
われ今何をか見得べき。
われは明治の児ならずや。
去りし明治の世の児ならずや。

(「震災」より)

新感覚派、プロレタリア文学をもたらしたものが、何を葬り去るものでもあったか。荷風は、そのことに目を向けている。社会は変わった。それは明治的なるものをことごとく消し去ったと、荷風には見えたのである。

斎藤環によれば、「震災はインフラを破壊するのみならず、リアリティの位相にまで多大な影響を及ぼした」という。関東大震災は、「それまでの自然主義リアリズムとはまったく異なる、新しいリアリズムへの移行」をもたらしたし、阪神・淡路大震災は、空間の多重性をデフォルト化し、文学の世界にパラレル・ワールドと「解離」のモチーフを持ち込んだ。そうだとすれば、東日本大震災と原発事故は、リアルなもの(現実)とそうでないものとの差を、消し去ったのではなかっただろうか。これまで個物=個体として存在していたもの——イデオロギー、思想、好悪、信念——が、まず、カケラになる。それからそのカケラが、大きな全体に吹き寄せられる。そこで消滅は全体的な規模となる。大震災は、その大きな風の役割を果たした。それまで準備されていた変化を一気に顕在化させた。そのカケラの凝集作用による、個物の全体的な「一」への消滅の別名が、感動社会の到来なのである。

ここに私はこうした全体的な消滅に対する一つの抵抗の例をあげた。

大きなものに大きく対抗しないこと。むしろこれらの「新しさ」や「軽さ」や「大きさ」のなかを、これに反応せず、自ら拡散しつつ、「小さい」ままに通り過ぎること。

柴崎の『わたしがいなかった街で』は、その一点で、斎藤のあげている「災間」文学の秀作群とは、行き方が違っている。

断片的で、着脱可能で、ちゃらんぽらんで、一見洒脱であっさりしているかに見えるものは、いったん大きな風が吹くと一斉に同じ方向に流れてあっというまに「大きく」なる。「言葉を立てて」それに抵抗しようとしても、その言葉がそもそも「大きい」以上、それより小さなものには、抵抗できない。『1Q84』が述べた、ビッグ・ブラザーに代わるリトル・ピープルに、「大きな」抵抗は、無効である。しかし、そのことは、こうした力に対する、注意深く、断片的で、着脱可能な、「小ささ」による抵抗を生みだす。

それを私は、方法として断片であり続けること、自己制御のもとで着脱可能であること、――つまり、することもできればしないこともできる、方法的な偶然性（コンティンジェントであること）への意思と、呼んでおきたい。

この「感動」社会にあっては、断片的で、着脱可能で、ちゃらんぽらんであることが、もし方法として生きられるなら、抵抗となる。脱力的であることが、方法的に選びとられ、行使されれば、力になる。柴崎友香の復元話体の小説は、その達成の先駆的な例、孤立した例なのである。

（『加藤ゼミノート』一二巻一六号、二〇一三年七月初出、
推敲後『シンフォニカ』第二〇号、二〇一六年九月）

二〇一三年の赤坂真理『東京プリズン』

1

この作品は、二〇一二年の毎日出版文化賞と、司馬遼太郎賞を受賞している。なぜ、そこまで評価が高かったのか、二〇一三年のいま、私はその理由を誰かに教えてもらいたいという気がしている。二〇〇九年のリトル・ピープルが出てきたり、二〇一一年の大地震が出てきたり。気持ちはわからなくもないが、私の読後感は、それほど肯定的ではない。

ここでは走り書き的に感想を述べておく。

手がかりとするのは、外傷的な経験という切り口である。トラウマと呼ばれる。関与した人間、存在にトラウマを残す外傷的な関係が、この小説の骨格を作っている。まず娘と母との外傷関係。これにアメリカをめぐる自分の外傷問題、日本のアメリカをめぐる外傷問題、日本の戦争と天皇をめぐる外傷関係と、さまざまな外傷関係が、この作品を作っている。外傷関係ということであれば、あと二つある。一つはアメリカのベトナム戦争をめぐる外傷問題であり、また、あまり表面に出ていないが、アメリカの原爆投下をめぐる外傷問題である。

また、これに対し、日本と中国、日本と韓国・朝鮮のあいだの、戦争責任をめぐる関係へのまなざしがこの作品からいっさい抜け落ちていること、それでいてこの作品世界が成立してしまっていること、このことを欠損と感じる見方が、この国にはあまりないらしいことも、この作品とその受容において、私にかなり特異な印象を残している。

2

これらの外傷関係、特に娘としての自分と母親の関係が書き手にとって作品執筆へと駆り立てたモチーフの一つだっただろうことは、作品の構成から、明らかである。著者も、それに類したことを発言している。これをどのように小説にするか。そのような模索の過程で、作者にとって執筆に向けた一つの突破口は、一九八〇年、米国に放逐された孤立無援の娘＝物語の主人公たる「私」が電話すると、二〇〇九年現在の書き手たる「私」がその電話をとる、という「回線」の発見であった。それは、書き手の年齢を執筆時点の作者自身に重ねるなら、自分がかつての自分を受けとめる、一六歳の自分の苦しみを、四五歳の自分が受けとめる、ということである。しかし、このアイディアとしてはすばらしい着想は、結局この作品で、十分に活かされているとは思えない。

主人公と母の年齢の関係は、主人公は一九六四年生れ、母は、一九三九年生れであり、物語のなかで、一六歳のマリの電話を取るのは、当時四一歳の母である。ここから次の問いがすぐにやってくる。現在四五歳の私は、当時、四一歳で――つまりいまの自分よりも若い年齢で――、自分自身のアメリカに対するトラウマを解決できないばかりに、十分な考えもなく娘たる自分をアメリカに送り出した母を、赦すのか。断罪するのか。これは、現在四五歳の私が、当時四一歳だった母の苦しみを、理解し、それを自分で引きうけ、赦せるか、という問題である。作品には、当然のことに、いま四五歳の私と、いま七〇歳の母の関係も存在する。二人のあいだには、一六歳の私と四一歳の母のあいだにあったと同じ関係が持続している、つまり、作中、この問題は解決されていない。

したがって、この作品は外傷による関係性の損傷からの回復を一つの主題として含みうる。けれども、そうであるなら、この書き手の自分と、当時、いまの自分よりも年下だった母との関係は、ほとんどカギとなるほどの重要性をもつはずである。当時四一歳だった母と一六歳の私の関係を重層化するため、作者は当時一六歳だった私といま四五歳の自分のあいだに「回路」を作り出す。しかし、そうなると、そこからは当然、いま四五歳の自分と、当時四一歳の母、つまりもう一つの母と私の関係の「回路」が浮かび上がってくる。とはいえ、ここに、現在四五歳の私が、当時四一歳だった母を、どう考えるか、という関係の意識は存在しない。あるのは、現在四五歳の私と、現在七〇歳の母の関係は、昔同様の擬似的な「共依存」関係にある、という事実だけである。

また、家にまつわるもう一つの外傷は、一九八五年のプラザ合意に端を発する家の没落と父の病死だが、自分が母によってアメリカへと放逐されたとき、父親は、これにどのように対したか、という父親への視線も、ここには存在していない。マリは、このときの父親を赦すのか、断罪するのか。父はほとんどこのような関係性のうちには、入ってこない。

娘の自分と母のあいだの外傷関係からの回復という意味では、同じ側面をもつと思われるほぼ同時期に書かれた水村美苗の作品『母の遺産――新聞小説』(二〇一二年)が思い出される。これも娘と、母の関係が基軸となった作品だが、最後に年を取った娘である私からいまは年老いて死んでいく母への「赦し」ということばが出てくる。それは、このような関係が、作品のなかに踏まえられているということである。

しかし、『東京プリズン』にはそのような視線はない。作品は「戦後のタブー」という枠から出ようとはしないのだ。

3

「私の家には、なにか隠されたことがある。／そう思っていた。」というのが、この作品のエピグラフである。この私の家には、「家」と「国」と、二つの意味があり、エピグラフの文面はそれにまつわる二つのタブーを語っている。「家」のタブーとは、母のアメリカをめぐるトラウマである。母が若年時にアメリカ的なものをめざし、憧れ、しかし、その夢をとげることができず、挫折した、その挫折と日本の敗戦とが重なっていた、そのため、その挫折体験が、母のなかでトラウマとなった。その母のトラウマを、理解したうえで、それを自分で解決できないまま、一部代償作用のようにして娘をアメリカに留学という形で放逐してしまった母を、娘の私は、赦せるか。これが作者にとっては、また作中の主人公「私」にとっては、このタブーと向かいあうことの意味である。しかし、このタブーを、ステレオタイプ的な既成の「戦後」のタブーとダブらせることで、作者は、自分のタブーと向きあうことを避けてしまう。

つぎに、日本の戦争をめぐるトラウマだが、いま、何が日本の戦争をめぐるトラウマといえるのか。いろんな言い方が可能だろうが、それは、たとえば、かつて天皇の無力と責任からの逃避を、国民が十分には受けとめきれない苦衷として存在していた。日本の無力と無責任体制を天皇が象徴しており、そのうえで、その二つが天皇の責任問題として、問われた。それを問えば、その刃先は当然、自分たちに返ってくる。そしてそれをかつての天皇不可侵に重ね、ブラックボックスとして抱えることが選ばれた。それが戦後、敗戦し、占領された国で敷かれた天皇をめぐるタブーの意味だった。しかし、昭和天皇が何も責任について意志を表明することなく、死去し、舞台から去ると、この問題は、いわば解決されることなく、迷宮入りする。その後、日本の戦争をめぐるトラウマは、対外関係に向かい、なぜ敗戦国なのにかつての敵であるアメリカを憎悪できないのか、アメリカに逆に憧れるのか、という問いとなって現れた。もう一つは、なぜ侵略したのに、かつての侵略国である中国、韓国、北朝鮮ほかの隣国に、しっかりした謝罪をできないのか、という問いとなって現れた。しかし、それは、この小説では、ステレオタイプ的な文脈のもと、「家」のタブーに重ねられることで意味を見出されているにすぎない。これらの問いに、書き手が向きあうことがこの作品でめざされているわけではない。

それらは、タブーのステレオタイプの例として、「家」のそれと一対をなすものとして選ばれているのであって、逆にいえば、ステレオタイプでなければ、困るのである。

たとえば、昭和天皇の問題は、彼が死んでいないいま、次の天皇のもとで、日本国民にとっては、かつてのままでは、トラウマたりえないところにその現在性の問題がある。しかし、そのことは作者の眼中になく、必要なのは、ステレオタイプ的な文脈のもとでのタブーとしての天皇問題である。それをふりかざしているのは、小説を離れ、これを天皇の問題と見るなら、ピントがはずれている。

4

むしろ、小説の背面から浮かびあがってくるのは、アメリカにとって、目に見えるトラウマが、ベトナム戦争の敗戦で、もっと深いトラウマが、原爆投下だという、その二重性の問題である。

右のなぜ敵であるアメリカを憎悪できないのか、という問いは、なぜ原爆投下されたのに、これに日本が国として、はっきりと抗議できないのか、という「問題」になってここで一つの焦点を結ぶはずである。

一九九五年に、戦後五〇年を期してワシントンのスミソニアン博物館で、「原爆展」が企画されると、全米に猛反発が起こり、結局この展示企画は、中止され、企画したマーティン・ハーウィット館長の辞任で、終わっている。このことは、アメリカにとって、原爆投下の罪障感がどれだけ深いかの一証左である。

アメリカはまだ、これを自分で引きうけるだけのところまでは来ていない。しかし、対する日本はどうか。日本はまだ、これをしっかりと批判し、抗議し、そしてもし可能であれば、相手からの謝罪を引き出して、これを許容する、赦す、という行程の、出発点にすら、ついていない。

二〇〇九年、オバマ大統領が、ノーベル平和賞受賞直後に、来日したおり、広島を訪問する計画があったが、——そこで何らかの「遺憾」発言は出た可能性もある——これを、阻止したのは、日本外務省の事務次官であった。そのことが、二〇一一年にウィキリークスによって明らかにされている。むしろアメリカの努力を、日本政府がやめさせている。このことは、原爆投下の問題が、日本においてもいまだ、対象化されていないことの一証左である。

私の考えをいえば、日本は、しっかりとアジア隣国に侵略行為を謝罪し、そこに信頼関係を築かない限り、どこにも居場所がないために、アメリカ依存を脱却できない。しかるに、日本の保守層は、この謝罪ができない。それで、アメリカ依存を断ち切れない。他方、アメリカは、日本に原爆投下を謝罪できないため、いつまでも日本の報復の可能性の悪夢に悩まされなければならず、日本支配から、手を引くことができない。アメリカから見れば、一度、日本の対米自立を認め、野に放ってしまえば、いつ、憲法を変え、核保有国となり、自分たちにはアメリカに核を落とす権利がある、と言い出すか知れたものではない。一九八九年の石原慎太郎の『「NO」と言える日本』へのアメリカでのバッシングなど、明らかに過剰反応なのだが、それはこの問題のうちに彼らのトラウマが埋め込まれていることの一つの現れと見うる。原爆投下問題が両国のあいだで解決を見ない限り、アメリカも、日本から手を引くことができない。

これが、だいぶ単純化したうえでだが、現在の戦争をめぐる問題、アメリカと日本の関係の最深の課題の構図である。最終的に、アメリカは日本に謝罪ができるか、日本は、アジアに謝罪ができるか。また、それと並行して、日本はアメリカに謝罪を求め、さらにそれと二重に並行して、報復の権利を一方的に放棄する、ということをいえるか。そういうことが問われている。

タブーなど、どこにあるだろう。問いの行程は「隠されている」わけではない。誰もここまでは考えない。それで、そこに「謎」があり、「タブー」があると考えられているだけなのだ。

5

このように日本とアメリカの外傷の問題を整理していえば(アメリカにはそのほかにネイティブ・アメリカンへの謝罪という外傷もあるが)、この赤坂の小説は、そのようないくつかの外傷問題の手前で、「タブー」と「トラウマ」に翻弄される姿を小説にしているにとどまる。これら二つを弄んでいるだけとも言える。

以上二点、家の問題、国の問題、その双方で、もう少し、先まで行けるのではないかというのが、私の素朴な感想である。

私はこの作者の『ヴァイブレータ』を、きわめて高く評価している。それだけに、今回の作品の失敗ぶりと、それへの世の中の高評価ぶりから多くのことを考えさせられた。

そのことへの疑問の声がほとんどあがっていないことにも驚く。

今回は、これ以上の作品分析は行わない。ありうべき家と国の問題の外傷への向き合い方を述べて、分析に代えた。

(『加藤ゼミノート』一三巻一号、二〇一三年八月)

2. 文学の二〇世紀以後

独裁と錯視
――二〇世紀小説としての『巨匠とマルガリータ』

「きみは悪から善をつくるべきだ
それ以外に方法がないのだから。」
――ストルガツキー兄弟『ストーカー』題辞
（ロバート・P・ウォーレン）

「……それで結局、いったい、おまえは何者なのだ?」

「私は永遠に悪を欲し、永遠に善をなすあの力の一部なのです」

（ゲーテ『ファウスト』）

――M・ブルガーコフ『巨匠とマルガリータ』題辞

1

正義とは、何か。二〇世紀の経験は、このことがそれほど単純な問いではないことを教えたように思う。たとえば、鶴見俊輔はある場所で、昭和天皇は悪いに決まっているのになぜ誰もその戦争責任を批判しないのかと問われ、そこに主張される正義が一〇年経っても、二〇年経っても、三〇年経っても、実現されない場合、あなたはどうするか、と別種のもう一つの問いをその若い読者に返している（『戦後思想三話』）。また、吉本隆明は、戦前の日本共産党のメンバーのうちの数人が非転向を貫き、内心の正義を貫いたことに対し、一九五〇年代、誰もが敬意と気後れを感じざるを得ないときに、自分の正しいと思うことを貫くだけでは、思想的に無価値だ、という考えを提示した(「転向論」)。

私は、日本の戦後の思想は、何が善で何が悪かは必ずしも自明ではない、という認識を出発点にしていると考えている。善をなすというだけでは、正義を論ずるには足りない、という認識が人々を、体験を通じ、とらえたとき、戦後思想は受胎された、という観点である。それは、天皇制のもとに世界戦争を戦い、敗北するという経験の産物でもあったが、もう少し広く取るなら、二〇世紀に固有の経験でもあるだろう。私にそのような考えが浮かぶのは、ソ連におけるスターリン圧制下の文学者の経験、それに続く共産主義、社会主義国の言論弾圧下の経験もまた、それに連なるものと見えるからである。

ミハイル・ブルガーコフ作『巨匠とマルガリータ』を私は遅まきながら二年前に読んだ。書かれてから実に六九年後のことである。擱筆後二六年目に刊行された小説を、刊行後四三年目にして読んだことになる。なぜそうなったか、ということを含め、この小説は罹患にも似た不思議な読後感を私に残した。予後の感触は、大きな手術を受けた施術部位の敏感さのようなものとしていまも私の身体に残っている。実のところ、この作品をどう読めばよいのか、私は迷う。

この作品は、ソ連の小説家ミハイル・ブルガーコフの手で一九二八年から四〇年にかけて書かれ、一九六六年、作者の死後二六年目にソ連ではじめて一部削除の上刊行されている。その後、七三年に完全版が刊行されると「ソ連国内で驚異的な成功」を収め、ついで、世界各国で翻訳、紹介され、現在、いまはない二〇世紀の国、ソ連最高の傑作としてゆるぎない評価をかちとっている。日本には、一九六九年に六六年版に基づくテクストが『悪魔とマルガリータ』の題名で翻訳された後(安井侑子訳)、七七年に、七三年版に基づく完全版が『巨匠とマルガリータ』として集英社世界文学全集に収められ、二〇〇八年には新たな校訂と研究をへた、それと一定程度の異同をもつ九〇年版をも視野におさめた新訳が、池澤夏樹個人編集世界文学全集の一巻として刊行されている(ともに水野忠夫訳)。さらにこれとは別に、数種、訳が存在している(法木綾子訳など)。

作者ブルガーコフは、一八九一年、キエフの知識人の家に生まれ、大学は「優秀な成績で」医学部を卒業。やがて、一九一七年のロシア革命にまきこまれ、二一年、ほぼ無一文でモスクワに移住する。その後、作品を発表し、好評を博すものの、すぐに「反革命的な内容」をもつとみなされ、以後、立て続けに力作を発表するが、革命後のソ連に対する強烈な風刺を含んでいたことから、ことごとく、出版禁止(戯曲は上演停止)の憂き目に遭う。一九二〇年代末以降は、作品公刊、上演の機会をほとんど与えられない絶望的状況のもと、発表の目当てのない長編小説を書き続けた。死後発表となるのが、この間書きつがれた『巨匠とマルガリータ』である。

わからないことはいくつもある。この小説は未完なのだろうか、完成されているのだろうか、というのが一つである。というのも、死の「わずか一ヶ月」前に「最終稿の完成」を見たとの指摘(亀山郁夫『悲劇のロシア』)はあるものの、この小説を二度まで打ち込んで翻訳した水野忠夫が、その再訳の解説に、ブルガーコフは「死ぬ間際まで、長編の完成に心を砕いていた」「一言一句をもゆるがせにしない厳格な態度を保持し推敲を重ねていたことが想像される」と書いている。現に、一九七三年版の後で、新たに一九九〇年版が現れており、作者の推敲を中断させた一九四〇年三月一〇日の死についても、「重病と失明のうちに」世を去ると、執筆作業上の不如意のさまを窺わせる記述がある。事実、作中、作者の分身かもわからないユダヤ総督ポンティウス・ピラトゥスは、末尾近く、単なる形容なのかわからないが、「その見えない目で月の面を凝視している」(『巨匠とマルガリータ』)。

また、小説の構成が、単純な善悪二元論に回収されないという程度の生やさしさではなく、何が書き手にとって善しとされ、何が悪しと判断されているのか、どこまでも底が見えないくらいに不透明だということもある。小説は、巨匠と呼ばれる小説家が書くエルサレムを舞台としたヨシュア(イエスのヘブライ語読み)の処刑される日の物語と、巨匠の生きる、作品執筆時と同時代のモスクワを舞台とする奇想天外な物語とが並行し、入れ子となり、進行する。一方を構成するヨシュア(イエス)と彼に死刑判決を下すユダヤ総督ポンティウス・ピラトゥスの対話セクションと、現代——実は大粛清進行下——のソ連、モスクワに展開する黒魔術師ヴォランド一味と巨匠・マルガリータの恋人同士を軸に展開される活劇のセクションと、両方を合わせて、受難者ヨシュア=イエス(A)と権力者ピラトゥス(B)、抑圧される文学者巨匠・恋人マルガリータ(C)と悪魔ヴォランド一味(D)という四つの基軸が作品世界を構成しているが、そこに、A(イエス)とB(ピラトゥス)、C(巨匠)とD(ヴォランド)がそれぞれ善(AC)と悪(BD)とに分かれるというような単純明快な区別が、さらさらないのは無論のこととして、A(イエス)とC(巨匠)、B(ピラトゥス)とD(悪魔)がそれぞれに対応するというような、一種予定調和的な二世界間の照応関係(A=C、B=D)も単純な形には存在していない。終末には、A(イエス)とD(悪魔)、B(ピラトゥス)とC(巨匠)という一対すら浮かび上がる。独裁者対文学者といった一元的見方では、とうていその全容を受けとれない、というくらいに、不透明さは、色濃い。

以上二つの点に関わって、いくつか、私を立ち止まらせる細部がある。そのうちの三つをあげてみよう。

第一に、巨匠が作品を編集部に渡し、いったん断られ、別の編集長の手でその抜粋が活字にされた後、続々と批判が現れ、刊行の見込みがなくなり、絶望し、精神の均衡を失って原稿を燃やす場面。直後に部屋に戻ったマルガリータが明日の朝来ることにして家に帰った後、巨匠は失踪して、精神病院に入るのだが、そのきっかけとなる出来事、「彼女が去ってから十五分後に、窓をノックする音が聞こえました……」(同前)とあるくだりが、何の到来を、誰の訪問を意味するのかが、読者にはわからない。作品には最後までその答えを示唆する個所が現れない。それは、先に言う、未完ゆえのことなのか、それとも、書き手が意図して残した「空白」なのだろうか。

第二に、終わり近く、ヨシュア(A)の弟子のマタイが現れ、「あのかたは巨匠の書いた作品をお読みになった」と言い、そのイエスからの伝言として悪魔のヴォランド(D)に巨匠(C)を助けてやってほしいという依頼が伝えられる。それに、ヴォランドが、応じてもいいが、巨匠を助けるのはヨシュア=イエスの役割ではないのかと反問する場面。「だが、どうして、巨匠を自分たちの光のほうに連れて行かないのだ?」と悪魔が聞き返すと、

「巨匠は光には値しない、安らぎに値するのだ」とマタイは悲しげな声で言った。(同前)

このマタイの答えの意味するところは何なのか。ヨシュア＝イエスは、自分の処刑の一日の物語を描いた巨匠の小説を読んだと言う。そのうえで、巨匠を第一義的に救済するには「値しない」と考える。そう受けとるしかないのだが、なぜイエスは、そう見るのか。また書き手はイエスの価値観と作品のあいだにどういう違いを置くのか。

最後に、三つ目として、物語のなかで、巨匠が最後に悪魔ヴォランドの手で「安らぎ」の世界へと救済されるに先立ち、精神病院で隣りあわせた詩人のイワンに別れを告げに行く場面。巨匠が「さようなら、私の弟子」と言って「宙に溶け」ると、イワンは看護師を呼ぶ。そして隣室の巨匠が「たったいま亡くなられた」ことを知らされる。そこでは「現実」には巨匠がマルガリータに続いて死ぬことが示されているが、それに続くエピローグの個所で、小説の語り手は、一転、こう言う。

　しかし、ここにひとつ、捜査当局にとってまったくはっきりしない問題が残されたが、それは、巨匠と自称していた患者を（ヴォランドの——引用者）一味が精神病院から連れ出した動機は何かということである。この動機は、掠奪された患者の名前と同じように、突きとめることはできなかった。こうして、その患者は《第一病棟一一八号》という呼び名をつけられたきり、永遠に姿を消した。（同前）

作品本編では、「現実」上、精神病院で死んだとされた巨匠が、その外枠をなすエピローグでは、名前も知られないまま、《第一病棟一一八号》として失踪したと述べられる。作品本編上の「現実」とは異なることがエピローグの〈現実〉では起こっていることになるが、この不一致を、やはり、定稿を見るまでの時間がなかったための、未完ゆえの記述不一致と見てよいのか。それとも、これは作者ブルガーコフの意図したことなのか。意図したとすれば、この「現実」と〈現実〉の錯視的な構造によって、何が示されているのか——。

疑問はむろんそれにつきない。しかし、少なくとも例としてあげた三点を手がかりとすることからだけでも、私の疑問の大枠を言うことができる。

私は、門外漢の無礼を承知で言わせてもらうわけだが、少数の例外を除くと、この作品に対するこれまでの日本を含む——たぶん——旧ソ連外での読まれ方、受けとられ方が、全体として、どこか予定調和的だったのではないかという感想を抱く。そのため、これまでの自分の読みを含め、細部のこうした疑問点に、読み手はほんとうには躓いてこなかったのではないかと、疑う。もし、これらの疑問点の小石にほんとうに躓き、ここから考えていったら、この小説は、これまでとだいぶ異なる様相をもつ作品として、現れてくるのではないか、そして新しい様相の示唆するところは、作品の根幹にかかわるのではないか、そもそもこの作品は、傑作だが、そんなにも単純な傑作なのかと、考えるのである。

このうち、従来の受けとり方が予定調和的だとは、これをソ連の言論弾圧下の「芸術的抵抗」の作品として読むという受けとり方が、これらの細部のノイズによっても疑われることなく——予定調和的に——存続を続ける結果、逆にノイズが軽視され、聞き流される結果となってきた、ということである。そこに、作品が未完成なのかもしれないという推断が加わると、これらの細部の疑問点は、意識されない身軽さで、真摯な検討の対象の座からずり落ちる。

日本の文献、いくつかの外国の文献に徴する限り、旧ソ連、現ロシアでの事情も、一九六六年のブルガーコフ「名誉回復」以来、一九九〇年前後のソ連崩壊にともなうロシアでの研究の環境激変のあおりを受け、さまざまな新資料等の発掘、公刊、あいつぐ新説の登場などによる混乱が続くなか、いまだ冷静な作品分析が行われるにいたっていない、と思われる節がある。たとえば、現時点で日本語で読めるほぼ唯一の単行本のロシア人著者によるブルガーコフ論である『ブルガーコフ 作家の運命』（原著一九九一年、翻訳二〇〇一年刊）の『巨匠とマルガリータ』の章には、右にあげたうち、第二の点について、言及があるが、著者フセヴォロド・サハロフの考えは、この点――なぜ巨匠は「光」に値しないか――について、巨匠と作者ブルガーコフを別存在と見て、「不屈」を原則とした作者と違い、「ロマンチックな巨匠には不屈の精神が足りなかった」とするものである。この解釈は、私などから見て不十分きわまりない。

むろん、本国ロシアでの受けとめられ方、周辺資料等にも教えられる点が多々ある。たとえばこうした文献渉猟に立ってスターリン統治下のソ連の芸術一般についてきわめて踏み込んだ考察を行っている亀山郁夫の『磔のロシア――スターリンと芸術家たち』『大審問官スターリン』『悲劇のロシア』などの著書に収められたブルガーコフ論、ブルガーコフへの言及を読むと、この作品の内奥に、言論弾圧下の「芸術的抵抗」といった通りいっぺんの理解ではすまない善と悪をめぐる錯綜した問題のあることが、ロシア本国での研究、日本のロシア文学研究の世界で、共通の了解となっていることがわかる。その了解とは、簡単に言えば、「独裁者に対する崇拝と憎悪」といった抑圧者と被抑圧者の間の錯綜した関係性がスターリン圧政下のソ連の芸術作品を彩っており、それへの顧慮なしにこれらの作品を正当に読み取ることは、危うい、という認識である。亀山以外にも、石原公道、宮澤淳一といった気鋭の研究者に『巨匠とマルガリータ』とその著者に関する、興味深い仕事がある。事実、以下の私の読解は亀山をはじめとするこれら研究者のすぐれた仕事から知った事実に、大きな恩恵を受けている。

しかし、そのことを認めたうえでもやはり、私には、一抹の疑いが消えない。それは、この了解に立ってなお、ノイズを発する細部にしっかりと立ち上まらなければ、この作品を読んだことにはならないのではないかという疑念、また、右のような正当な了解と主張も、細部の解釈に基づいて、既存の幸福な――絵に描いたような――「芸術的抵抗」の神話を覆すことなしには、説得力をもたないのではないか、という疑いである。

右に三点、例としてあげた細部は、いずれも作品読解上、根幹にかかわる重大な要点である。これらに、従来、誰かが躓き、頭をめぐらし、作品分析として明快な答えを提示するということがあったのだろうか。もしそういうことがなされているのであれば、その内容が知りたい。そのことを念頭に、門外漢への教示を希みつつ、以下、簡単な私見の記述を試みる。

2

右の疑いは、私自身のこの作品の読書経験から来ている。

『巨匠とマルガリータ』の執筆がどのような状況下で行われたか。時代はスターリンの権力掌握(一九二八年)からいわゆる大粛清(一九三四―三八年)をへての独裁体制確立の時代に重なる。一九三〇年四月にはかつて革命の未来を生き生きと歌ったマヤコフスキーが自殺し、四〇年八月にはメキシコの亡命先でトロツキーが暗殺されている。この時期、一九三七年から三八年にかけての二年で、一三四万人が反革命罪の廉で有罪とされ、約六八万人が死刑、約六三万人が強制収容所、刑務所に送致されている。三四年以後、秘密警察の役割を担った組織NKVDのもとで多くの共産党関係者が逮捕、銃殺刑に処せられている。そのNKVDの長官ヤゴーダが解任の後、逮捕、銃殺され、交代して新長官となったエジョフも数年後、解任、逮捕、銃殺される。ちなみにこの間、一九三八年までに第一七回共産党大会(一九三四年)の中央委員・委員候補一三九名中、九八名が逮捕、銃殺されている。赤軍幹部も同様で、ナチスドイツが攻めてきたとき、スターリンは刑務所から処刑をまぬがれた少数の軍幹部を呼び戻さなければならなかったという。ほとんど歴史に例を見ない悪夢のような一二年。それがブルガーコフのこの作品の執筆時期なのである。

読書経験からの教訓とは、こうである。

二年前、初読の際の『巨匠とマルガリータ』の印象は、前半の黒魔術師ヴォランド一味のモスクワでの悪魔的跳梁ぶりが圧倒的、このような傑作を知らずにいたことの迂闊さに内心忸怩たる思いを味わった。なかでも人間大の黒猫ベゲモートの存在感に度肝を抜かれ、第一部から第二部へと移行する際の、「私につづけ、読者よ」の語り手からの呼びかけに戦慄を感じたが、その勢いで読んでいくと、第一部後半、巨匠とマルガリータが出てきてからの進行にややもどかしさがある。特に第二部以降、巨匠の出てくる場面で、停滞感と不明感が著しく、ある種の不全感を抱かされる。しかし、それは、たぶん、私一人の感想ではないだろう。誰もがそう感じるはずだと、私は思った。

第一部では、ソ連の官僚主義に毒されきった文芸・演劇・音楽界の停滞ぶりとそれを痛罵、嘲笑する悪魔達の飛翔の生彩の対照に、読者は痛快で希有な躍動感を受けとり、勢いづく。言論の自由、出版の自由を奪われたスターリン独裁下の文学者の絶望的な希求が、共産主義国に突如悪魔が降臨して奇想天外な秩序紊乱を引き起こす描写の細部の粒子ひとつひとつに浸透し、嚙むとプチッと小気味よく音を立てるようである。ここから読者は言論弾圧下に発表のあてなく書きつがれたこの奇跡的な作品を、いわば「芸術的抵抗」の神話の既成のイメージ通りに受けとることができる。しかし、第二部に入り、旗幟鮮明でない巨匠が出てくると、色合いは急に淡色に滲み、輪郭はぼやけ、展開のリズムが渋滞してくる。巨匠は、作品を書きあげた。それを発表しようとして挫折する。批判が相次ぎ、八方塞がりとなり、怒り、不安にかられ、絶望に落ち、恐怖がこれに代わる。そして、恋人マルガリータのいないあいだに、家を抜け出、この精神病院に収容されたと、精神病棟の隣人、詩人のイワンに話すのだが、これを聞いたイワンが言うように、なぜそこからマルガリータに連絡を取らないのか。外界に戻らないのか。イワンの質問に、巨匠は「精神病院からの手紙が彼女に届くなんて。こんな住所をもった者がどうして手紙など出せましょう?」と言うのだが、たとえ、この精神病院が強制収容所やそれに似た隔離施設の隠喩なのだとしても、出そうと試みればよいではないか。説得力がない。この煮え切らない巨匠の足萎えぶりに、読者の勢いは削がれる。そもそも、先の細部の疑問の第一にも出てくるように、巨匠の小説の発表とその不能をめぐるくだりには、ある種の強度の曖昧さがある。

第一部の勢い、躍動感と、第二部の不明朗な感じとの対照は、この作品の宿痾かとすら見えるのである。

しかし、それはこの作品の出来の不具合さ、未達成点、残念なところなのだろうか。むしろそこに、この作品の、これが十余年にわたって書きつがれた、核心があるのではないか。

私がそう考えるようになったきっかけは、以下に述べる、私の初読時の読みの浅さから新たに得られることとなった、再読の際の別種の読後感である。作中、悪魔ヴォランドが原稿は燃えないものなのだ、と言って、巨匠が絶望の果て、暖炉にくべて燃やした小説の原稿を復元する。その原稿を渡されて、マルガリータは、燃え残しで読んだ折り、焼失したために後を続けられなかった巨匠の小説の続きの個所を、はじめて読むことになる。それは、意味深くも「イスカリオテのユダを総督はいかに救おうとしたか」と題された、巨匠の書く、次のような章である。

春の月ニサン一四日の夕暮れ、ゴルゴダでのヨシュアの処刑が終わった頃合い、エルサレムのヘロデ王の宮殿ではピラトゥスが何やら憂鬱そうにしている。そこに処刑を見届けさせた秘密護衛隊長アフラニウスが戻ってくる。そこでの二人の会話。中心を占めるのは次に述べる密告者ユダの処遇だが、一つ、それに先立つ場面にも不審な細部が埋め込まれているので、そこから記してみる。

現実のゴルゴダの丘での処刑の描写場面で、ヨシュア(イエス)は磔台の上でこと切れる前に水を含んだ海綿を口元に突きだされると、それを「むさぼ」り、「水分を吸い」、さらに処刑人に「寛大な総督閣下を賞め讃えよ!」と言われると、従順に「閣下……」と「身を震わせて、つぶや」き、頭をがくりと垂れ、ことされる。しかし、ピラトゥスに処刑の様子の報告を求められたアフラニウスは、それとは違うことを言う。

「はい。しかしあの男は」ここで客（アフラニウス――引用者）は目を閉じた。「飲むのを拒みました」

（同前）

どう言って拒んだのだ、とピラトゥスが訊くと、さらに現実の描写になかったことを続ける。「あの男は言いました」。「深く感謝し、自分の生命を奪ったことを責めはしない、と」。「誰を責めはしないと？」と訊き返すと、「それは言いませんでした、閣下」。説教はしなかったか、と問うと、「いいえ、閣下、今度ばかりは、あまりおしゃべりではありませんでした。あの男が語った唯一のことは、人間のもろもろの罪悪のなかで臆病をもっとも重要なもののひとつとみなしている、ということでした」と、再び、現実にヨシュアの言わなかったことを答える。

「それで何を言いたかったのだろう？」総督の声が急に震えだした。

（同前）

続く両者のやりとりは、こういうものである。ピラトゥスは言う。いまのところ皆無だとしても、今後、あの男（ヨシュア）の崇拝者、信奉者が現れないとも限らない。そこで予期せぬ混乱を避けるため、今日の三人の屍体を内密に埋葬し、「今後、彼らの消息が完全に不明になるようにして」もらいたい。アフラニウスは「かしこまりました」と言って立ち上がろうとするが、ピラトゥスは引き留める。そしてもう一つの要請を行う。それは、「イスカリオテのユダに関すること」である。その要請あるいは指示は、巨匠の書く小説のなかで、こう描かれる。


ここで、客は独特の視線を総督に送ったが、すぐさま、いつものように光は消えた。

「聞くところによると、ユダは」総督は声を落として、つづけた。「(中略)金を受けとったとかという話だが」

「金を受けとることになっています」秘密護衛隊長は小声でピラトゥスの言葉を訂正した。(中略)

そこで総督は口をつぐみ、バルコニーに誰かいるのではないかとあたりを見まわし、それから低い声で言った。「じつは、こういうことなのだ、今夜、ユダが刺殺されるという情報を、今日、受けとったのだ」

ここで、客は総督に視線を投げ、そればかりか、しばらくそのままにしていたが、やがて答えた。

「総督、閣下は過分な讃辞をくださりました。その讃辞には値しないように思われます。私のもとにはそのような情報は入っておりませんので」

「お前は最高の褒賞に値する」と総督は答えた。「しかし、そのような情報があることには間違いがない」

「あえておたずねいたしますが、いったい誰からその情報を得られたのでしょうか?」

「さしあたって、それは伏せさせてもらいたい、ましてや、たまたま入手した曖昧で不確実な情報なのだから。しかし、あらゆる事態を予測しなければならない。それが私の義務なのだし、なにはさて置き、自分の予感を信じないわけにはゆかない、この予感というやつは、いまだかつて一度として私を欺いたことがないのだからな。その情報によると、あの両替人（ユダ——引用者）の言語道断な裏切り行為に憤慨したナザレ人（ヨシュア——引用者）の内輪の友人の一人が、同志たちと語り合って、今夜、ユダを殺し、裏切りの代償として受けとった金を、《呪われた金を返す！》という書きつけとともに大祭司の官邸に投げ返すというものだ」

秘密護衛隊長はもはやあの独特な視線を総督に投げかけず、目を細くして話を聞いていたが、ピラトゥスはつづけた。

（同前）

ピラトゥスは、こうした混乱を避けるため、「おまえに頼む」が、「この仕事を引き受け、イスカリオテのユダの警護のために万全の措置を講じてほしいのだ」と続ける。しかし、勘のよい読者ならすぐに気づくように、書き手はそうは書いていないし、ピラトゥスはそう言っていないのだが、ここでピラトゥスはイスカリオテのユダを暗殺せよと、自分の秘密護衛隊長に指示しているのである。秘密護衛隊長も、そう理解したそぶりは毛頭見せていないが、この指示をそのようなものとして受けとっている。というのも、その後、秘密護衛隊長は宮殿を出て、町の女と会う。やがてユダが金を受けとって出てくると、女がユダの前を通りかかり、ユダはその女に話しかける（彼らは約束していた）。ユダがゆっくり話したいというと、女はここではダメだといい、郊外のある場所ならいいという。ユダがそこに行くと、二人の男がいて、ユダは刺殺される。それを、一人の男が見ているが、彼は秘密護衛隊長と同じ頭巾姿である。ここまできて、これがピラトゥスの指示によるものであることを、読者はうすうす感じさせられる。

しかし、巨匠の小説で、考えようによってはもっと戦慄的なのは、これに続くくだりのほうだろう。ピラトゥスのもとに秘密護衛隊長アフラニウスが戻ってくる。

いつもの習慣どおり、話をはじめる前に、アフラニウスはあたりをうかがい、陰にしりぞき、バルコニーにはバンガ（ピラトゥスの愛犬――引用者）のほかに余計な者は誰もいないのを確かめてから、声を落として言った。

「私を裁判にかけてくださるようお願いいたします、総督。閣下のおっしゃられたとおりでした。イスカリオテのユダの身を守ることができず、刺殺されてしまいました。裁判にかけていただくこと、退職を認めてくださることをお願いいたします」（同前）

彼は血のこびりついた財布を取り出す。それはユダの殺人者たちの投げ込んだ財布である。「どこで殺されたのだ?」ピラトゥスが訊くと、「それはわかりません」彼は答える。「夜が明けしだい、捜査を開始いたします」「しかし、ユダが殺されたことは間違いないのだな?」「閣下、十五年間というもの、このユダヤで仕事をしています。任務についたのは前総督ヴァレリウス・グラトゥスの代でした。わざわざ屍体を見なくても、殺されたかどうかは言えますので、ここに報告しているのです、イスカリオテのユダと呼ばれる男は数時間前に刺殺されました」。

この後も微細にわたって続く両者のやりとりは、漫然と読んでいると、意味が判然としないため、退屈でなくもない。しかし、作者に倣って言えば、読者よ、これを、このやりとりが書かれていた時期のなかに「戻し」、そのうえで、さらにあのうすぼんやりとした小説家巨匠がこの戦慄すべきやりとりを書いているのだと、考えてもみよ。

そうだとしたら、どうだろうか。

歴史は、スターリンの大粛清中の一大劃期が、一九三四年の腹心の有能な部下セルゲイ・キーロフの暗殺にあったことを教える。一九二四年のレーニンの死後、スターリンは数年をかけて党内政争に勝利する。しかしその地歩はまだ安定したものとはなっていない。一〇年後、一九三四年一二月一日、当時党内の信頼を集め、スターリンの対抗馬とも目されはじめていた共産党幹部キーロフが、レニングラードの共産党支部でレオニード・ニコラエフという青年に暗殺される。ニコラエフの妻とキーロフが親しい関係にあったことが原因とも言われた。しかし、なぜ、警護の厳しい場所に暗殺者が入れたのかなど、不審な点も少なくない。スターリンはこの腹心の暗殺にすぐに行動を起こす。モスクワからレニングラードに向かうに先立ち、電話を入れ、「犯人はジノヴィエフ一派から探せ」と指示している。その結果、犯行がトロツキー一派の仕業であることがつきとめられ、ジノヴィエフ、カーメネフといった反スターリン陣営の共産党幹部が逮捕される。この二人はやがて銃殺され、これに続き、一九三七年の共産党中央委員会総会では、キーロフ事件以後の「教訓」として階級闘争激化論が唱えられ、大粛清が開始される。まずレニングラードの共産党関係者が五〇〇〇人逮捕され、その後、やはり同じく全員が銃殺刑に処せられる。

ブルガーコフの『巨匠とマルガリータ』は、こういう出来事をすぐ脇に見ながら、いつこうした運命が自分に及ぶか、という危機感を芸術家たち全員がおぼえざるを得ない状況下で、書かれている。というか、巨匠のこのピラトゥスのユダ暗殺指令と遂行の話は、これらの動きと同時並行しつつ、書かれている(たとえば同年生まれの詩人オーシプ・マンデリシタームは三四年、反スターリンの詩を摘発没収されて逮捕、三八年、ラーゲリに収容される途中、病死)。キーロフの暗殺については、その台頭に脅威を感じたスターリンが、部下のNKVD長官ゲンリフ・ヤゴーダに命じ暗殺させたという説が現在では、有力視されている。そのヤゴーダも先に記したように粛清、銃殺されており、直々の犯人取り調べ時の犯人の好ましくない回答に、スターリンが「このヘマ!」とファイルをヤゴーダに投げつけたなど、資料上は、限りなく黒に近いと言えるものの、真相はわからない。しかし、はっきりしていることがある。それは、当時、知識人で、スターリンの公式声明と「陰謀摘発」を信じていた人間は、きわめて少なかっただろうことである。

たとえば、亀山郁夫は、そのブルガーコフ論のなかで、三九年四月、『巨匠とマルガリータ』をほぼ書き終え、スターリン称揚のための戯曲『バトゥーム』に取りかかろうとしていた時期のブルガーコフが、客に作中の三つの章を読んで聴かせ、「ヴォランドとは誰だと思うか」と問いかけ、「一同は答えに窮し」たという挿話を紹介している。彼らは「メモを交換することにした」。妻のエレーナは「悪魔」と書き、劇作家のファイコは「わからない」と書き、モスクワ芸術座文学部門主任のヴィレンキンは「サタン」と書きこんだ。ヴィレンキンは、後の回想のなかで、「だれ一人まともに答える決心がつかなかった。それは危険をともなうように見えた」と述べ、ブルガーコフが、「サタン」と答えた彼の頭を撫でた、とも記している（「独裁者殺し――ブルガーコフ『バトゥーム』の世界」『礫のロシア』）。誰もの頭のなかにスターリンという名が浮かんだが、それを口にするのははばかられた。と同時に、ブルガーコフが、いわば安全パイであるヴォランドの出てくる章を読みはしても、ピラトゥスの出てくる章のほうは、明かさなかったらしいことも、見えてくる。ヴォランドにもむろん、スターリンの影を見て取ることは可能だが、いわばそれは囮のような、明るいスターリンである。それに比べれば、ピラトゥスとアフラニウスのこのくだりは、遥かに「危険をともなう」暗いスターリンを活写する。なかから三章を選んで朗読したブルガーコフの手元にはほぼ完成した小説原稿があったはずだが、作中、この章がいったんは燃えた後復元された個所として現れているのと同様、ここでもこの部分は、朗読されないほうの束に、入れられているのである。

こう考えてみよう。もし、スターリン的逆言法で「イスカリオテのユダを総督はいかに救おうとしたか」と題された「巨匠の小説」のこのくだりを、このとき、当のスターリンが読んだら、どうだったろうか、と。それは必ずしも、奇想天外な仮定ではない。スターリンは、再び亀山から引けば、「記録によると、（ともにブルガーコフの作である――引用者）『トゥルビン家の日々』を少なくとも一五回、『ゾイカの家』を八回観劇している」。「一九二六年に没収された彼の日記もその日で読」んでいる。ゴーリキーに「人の神経を逆なでするように描く」ブルガーコフの「描き方」が自分は「気にいっている」のだとも述べていた（同前）。キーロフ暗殺の二日前、モスクワ芸術座でキーロフとともに観劇しているのも、ブルガーコフ作の芝居であり（亀山郁夫『大審問官スターリン』）、一度は後にふれるように、電話をすら、しているからである。

3

私が自分の初読の際の読みの浅さと述べたのは右のことをさしている。ブルガーコフは、このくだりを書いたとき、むろんスターリン圧制下にこれを発表しようとは考えていないが、万が一にも、これがスターリンの目に触れるようなことがあれば、スターリンのキーロフ事件に代表されるような謀略による暗殺の実態、絶対にどこにも証拠の見つからない謀略というものが、どのようにありうるかの一例が、ここにありありと描かれていることに、スターリンが気づくだろうこと、その場合にどういう運命が自分に及ぶかを、ひしひしと感じていたはずである。スターリンだけでなく、このような歴史上未曽有の恐怖政治下にある者なら誰でも、これを読めば、ここに描かれているピラトゥスが、謀略の暗殺者スターリンの写し絵となっていることを、たちまちにして見て取っただろう。

ブルガーコフの専門家たちは、これに類したエピソードを他にもあげ、彼がスターリンと一種特異な関係にあったことをさまざまに指摘している。したがって、ブルガーコフが、そういう恐怖と戦慄と背中合わせに、このくだりを書いただろうことは想像に難くない。しかし、初読の際、私はそのことに思い及ばなかった。

あのぼんやり者の巨匠も、むろん、そのつもりで、この戦慄すべき場面を書いている。全裸で空を飛んだマルガリータも、むろん——そのそぶりはこれっぽっちも出さないが——これをそのようなものとして、読んでいる。そう考えるのが、論理的な対応というものである。
戦前、言論弾圧のもとに執筆した日本のプロレタリア作家中野重治に、「鈴木　都山　八十島」という転向を描いた小ぶりの作品がある。田原という主人公の小説家が、逮捕され、転向を強いられ、供述調書を作らされる際の判事とのやりとりを異様に克明に記した作品である。それは、こんなふうに書かれている。

問として、その合法の準備会以外に、聯合結成の準備として、水木友一、大山速男、山口道一郎その他のものと、会合を持ったことはなかったか。(『会合を持ったことはありません。』と田原が答えた。『会合へは出なかったんだね?』と八十島がきいた。『出ません。』と田原が答えた。『会合があったことは知ってたんかね。』『いや、知らなかったんです。』)答として、出席したこともありませぬし、また、さような会合が、あるということも、知りませんでした。

(「鈴木　都山　八十島」)

これは、供述調書に、問「その合法の準備会以外に、聯合結成の準備として、水木友一、大山速男、山口道一郎その他のものと、会合を持ったことはなかったか。」答「出席したこともありませぬし、また、さような会合が、あるということも、知りませんでした。」というやりとりが書かれる際の、判事と被告人のやりとりを描く部分である。実際には「会合があったことは知ってたんかね。」「いや、知らなかったんです。」というようなカジュアルな会話がなされつつ、すべてそれが「さような会合が、あるということも、知りませんでした。」と公的な言語に変換されていく。記述のテクストが、いかに現実に行われる言葉のやりとりと似ていながら、同じではないか。発語のノイズが、テクストのうちにどのように消されていくか。その現場を、ある種の衝迫に動かされて克明に描いた作品として、一読、忘れがたい印象を残すが、私などが頭に浮かべるのは、もし、これを書いた中野重治が、『巨匠とマルガリータ』の先の場面を読んだら、どう感じたか。戦慄をおぼえたのではないか。そうに違いない……、という空想である。初読の際、これがどうもユダの暗殺指令ともなっているようだくらいは、感じたと思うが、私はここのところがピンとこなかった。そのために、この個所が前半の黒猫ベゲモートの迫力に比せば、もう一つ、力感に欠ける、と感じられたし、巨匠は、存在感が薄い、と受けとめられた。しかし、いまなら私は、わが空想中の中野とともに、戦慄を受けとる。そして、なぜ大粛清下、密告者のはびこるなか、恐怖の根源にひきよせられるように、ブルガーコフがかくも危険な場面を書いているのかと、ひとしきり考える。このことを「問い」として、受けとるのである。

先に引いた個所にも出てくるが、この小説のなかから一つだけ最重要のメッセージを取り出すとすれば、それは、「人間のもろもろの罪悪のなかで臆病をもっとも重要なもののひとつとみな」す、というヨシュア＝イエスの言葉だろう。作中、ヨシュアにはどのような意味でも、スターリンの影はない。ヨシュアとはスターリンの対極存在なのである。そのヨシュアから出た――あるいは出なかったが、出たとされる――いわば「イエスの言葉」として、あらゆる罪悪のなかの最悪のもの、それは臆病ということだ、というメッセージが、最後の言葉として示されるのである。

この大粛清期には少なくない日本人も犠牲となっている。ソ連崩壊により、それまで秘密とされていた文書が公開され、現在では詳細が明らかになっているが、それによれば、たとえば、三〇年片山潜の秘書勝野金政のＮＫＶＤによる逮捕をもたらしたのは、在モスクワ日本共産党指導者山本懸蔵の密告であった。三七年に粛清されたもと東京帝大医学部助教授の国崎定洞の場合も山本が密告した。しかしその山本も、当時在米の野坂参三のひそかな告発などにより同年逮捕、二年後、三九年には銃殺されている(加藤哲郎『モスクワで粛清された日本人――30年代共産党と国崎定洞・山本懸蔵の悲劇』など)。『巨匠とマルガリータ』のメッセージは、未曽有の言論圧殺の大粛清期、密告がどのような不安と疑心暗鬼と、とりわけ人間の臆病心のうちから生み出されてきたかを考えるなら、いよいよ深く、私たちの心に食い入る。

しかし、それは、誰の、どのような臆病さにむけての言葉なのかと、作中のピラトゥスに倣って、尋ねなければならない。

作中のある場面でピラトゥスがスターリンに重なるからといって、これをスターリンの悪徳、あるいは彼の威力にひれふしたソ連の膨大な日和見主義者たち、文学関係者たちへの憎悪と批判をこめた糾弾だとのみ、見てよいだろうか。

それにしては、そのメッセージの作中での置かれ方は、繊細きわまりない。言い方は、錯視的きわまりない。まずこの小説の一部をなす巨匠が書いたとされるヨシュアとピラトゥスの物語、その「現実」レベルで、ヨシュア(イエス)はそう言っていない。しかし、なぜか、この物語中、その死を見届ける役目を仰せつかった秘密護衛隊長アフラニウスは、上司である総督ピラトゥスに、イエスはそう述べた、と言う。では、これはアフラニウスの捏造したイエスの言葉なのだろうか。しかし、その後、同じ物語に出てくる福音書記者徴税人レビ・マタイの「ヨシュアの言葉が書きこまれた羊皮紙」をピラトゥスが見ると、その最後の行に《……最大の罪……臆病》と記されてある。もう一つの〈現実〉レベルで、ヨシュアはそう述べたことになる。読者の予想は裏切られ、真相は宙に浮遊する。「最大の罪、臆病」、このメッセージは誰が言ったものなのか、誰にも特定できないものとして、しかし未来永劫ピラトゥスを苦しめる寸言として、この小説の中心に——宙づりに——置かれるのである。

初読の際、先の読みの浅さに目を曇らされ、私はこの小説のこのような錯視的構造にあまり立ち止まらなかった。それは、繰り返すが、この小説を、大枠で、大粛清下の「芸術的抵抗」の精華である作品と予定調和的に理解していたからである。そのため、それに合致しない細部が、未完ゆえもあっての、あまり意味の鮮明でないノイズと受けとめられた。しかし、この作品理解の支点と作用点を逆転し、この作品が、「芸術的抵抗」の精華である想像力の勝利を体現する第一部と、それとは異質なもう少し晦冥な暗部を抱えた不透明な第二部とからなる二重構造を本質とする作品であると想定してみれば、どうか。第一部の延長で読むなら、失速するかに見える第二部が、いわば別種の燃料で二段目のロケットに点火され、別方向に再び別の推進のあり方で飛翔しているさまが、見えてくる。

私の問いを言えば、こうなるだろう。ブルガーコフはなぜかくも執拗に、この作品を、一〇年間にわたり、書き続けたのか。そのモチーフは、どこにあったか。スターリン独裁下の言論封殺への抵抗と迎合的な文学者たちへの糾弾の思いが、一人の小説家が生命をかけてこれだけの小説を書き続ける理由だったのだろうか。あるいはロシア文学者たちのうちの鋭敏な人々が考えるように、スターリン圧制下という特異な時期における作者自身の独裁者との一対関係の中での愛憎の力学が、その動因なのだろうか。

最後の二つの問いについて言えば、私はこれらの見方に懐疑的である。この小説の中心主題を、冒頭近くに出てくる「神が存在しないとすると、(中略)人間の生活とか、要するに地上のあらゆる秩序とかを、いったい誰が支配するの」か、という共産主義社会の抱える矛盾に対する懐疑に見る見方も、存在することを知っているが(たとえば池澤夏樹「なぜ悪魔に頼るのか」『世界文学全集I－5』月報)、この主題であれば、第一部については言えても、第二部までを動かすモチーフになっているとは、言えない。『バトゥーム』というスターリン称揚劇の執筆依頼と上演禁止をめぐる両者の関係を調べ、そこからブルガーコフの「あいまいな」世界観、風刺作家としての善と悪をめぐる「永遠の相対主義」を取り出す前記亀山郁夫の論旨にも学ぶべきところがあるが、それでは、ブルガーコフの小説に対して余りに予断を含む外在的な考察、結論になってしまうのではないかと、その過度の演繹性に懸念をおぼえる。むしろ、私としては、こう考えたい。これらのモチーフに加え、そうではない主題、書く理由が加わっていたために、この作品に彼は生命をかけることとなったのではないか。また、この小説は、第一部が骨折して第二部につながるといった、あるいは第一の要素(黒魔術師たちの跳梁)が失速して第二の要素(ピラトゥスの憂鬱と巨匠の精神錯乱)を醸成するといった、二重構造をもつこととなったのではないか。その第二の主題こそ、「人間の最大の罪は、臆病」というものではなかったか、そしてその第二の力学こそ、錯視性というものではなかったか、というのが私の仮定である。

4

ブルガーコフがどのような作家であったか。私たちにもっとも雄弁に知らせる手がかりがある。名高いものらしいが、一九六七年にはじめて公表された「ソヴィエト連邦政府への手紙」と題する一九三〇年三月二八日の日付をもつ書簡である。一言で言えば、人間が、どれほど勇敢でありうるか、臆病から遠い存在として生きられるかを体現する文書であると、言ってよい。少し長くなるが、紹介すると、全部で一一項目に分けられた書簡は、ソ連邦政府宛て。スターリン以下、七名の政府要人に向けて書かれた嘆願書であり、その後、明らかになるように、事実、スターリンはこれを読んだ。書簡は、「ソヴィエト連邦政府に対して、私は以下の手紙を送ります」ではじまっている。第一。

私のあらゆる作品が禁止となって以来、私を作家と認める多数の市民のあいだから声が上がり、誰もがまったく同じ助言をしてくださいます。

「社会主義的な戯曲」(これは引用です)を書きなさいという助言です。加えてソヴィエト連邦政府に改悛の手紙を送り、これまでの文学作品で表明したみずからの見解を否定し、今後は共産主義の理念に忠実な同伴者作家として活動を続けると証を立てるように、と。

目的は、迫害、窮乏、破滅を避けるためです。

こうした助言に私は耳を傾けませんでした。(中略)ソヴィエト連邦政府に良い顔を見せるようなことは私にはとうていできそうにありません。ましてや共産主義的な戯曲を書こうなどという気も起こりませんでした。もとよりそんな戯曲が私に書けるはずがないからです。

　しかし、作家としての苦しみを拭いたいという気持ちがつのりましたゆえ、ソヴィエト連邦政府に対しまして、ここに誠意をもって手紙を書き送る次第です。（宮澤淳一訳「ソヴィエト連邦政府への手紙」『季刊 iichiko １０４号 特集ミハイル・ブルガーコフＰＡＲＴⅡ』）

第二。

　手元のスクラップブックを確かめたところ、私が文学活動を続けてきたこの10年間にソヴィエト連邦の新聞・雑誌に現われた私に関する記事は３０１点です。そのうち好意的な記事は３点、敵意や悪意に満ちた記事は２９８点でした。

　この２９８点の記事は私の作家人生そのものです。

　私の戯曲『トゥルビン家の日々』の主人公アレクセイ・トゥルビンは、活字になったある詩の中で「**不憫家の豚児《スーキン・スイン》**」とばかにされました。（中略）

　私はこうも書かれました：

「**ミーシュカ・ブルガーコフ**よ、わが教父よ、**作家よ**（**あえてそう呼ばせてほしい**）、君は**捨てられて久しいごみ**をあさる……あえて問うが、兄弟よ、君のその醜い**ツラ**は何だ？……（後略）」

（中略）

手元の資料に基づき、私は立証したいのです。ソヴィエト連邦のすべてのジャーナリズムと、レパートリーの管理を委託されたあらゆる関連機関は、私の文学活動を通じて、例外なく、しかも**尋常ならざる怒り**をもってある主張をしてきたことを。ミハイル・ブルガーコフの作品は、ソヴィエト連邦において存在することはまかりならない。それが主張です。

そして私は断言します。ソヴィエト連邦のジャーナリズムは完全に正しいのです。（同前）

文学作品として読んでみるとなかなか風刺がきいていて面白い。凡庸な才能のなしうるところではないことがわかる。けれどもこれは文学作品ではない。これを相手が読んで、怒りを呼んだら、たちまち逮捕、強制収容所送り、あるいは銃殺もありえないわけではない、万能で冷酷無比の独裁者、そして非情かつ愚劣のきわみの官僚機関の頂点に向けた書簡なのである。水野忠夫編の年譜によれば、じつはこの前年七月にもブルガーコフは「スターリンにあてて手紙をしたため、文壇の不当な批判に抗議し、妻とともに出国の許可を求め」ている。返答はなかった。この二度目の書簡に、彼はいう。自分の風刺劇を、ドイツの雑誌が「出版の自由を求める、ソヴィエト連邦で最初の呼びかけ」と評したが、それは真実であり、「検閲との闘いは、私の作家としての義務であ」る。自由などいらないことを証明しようとする作家がいたとしたら、「自分には水は不要だと公言する魚のようなもの」であろう。しかし、『文学新聞』の見解は、「**ソヴィエト連邦における諷刺作家たちはみなソヴィエト体制の脅威である**」というものである。「これでも私はソヴィエト連邦にいられましょうか？」

自分はここに自らの文学的肖像と政治的肖像とを記した。「ここからどれほどの犯罪性が露見するのか」は不明だが、政府よ、「さらなる詮索」はやめていただきたい。ここに正直に書いた。「もはや私は破滅した状態です」。「ご配慮いただきたいのは、私にとって書けない状態は、生きたまま墓に葬られたのと同じだということです」。こうして彼は具体的な要望を記す。

ソヴィエト連邦政府に対し、私と妻リュボーフィ・エフゲーニエヴナ・ブルガーコワの出国命令をただちに発するように要求いたします。（同前）

つけ加えて、もしソ連にとどまり「死ぬまで沈黙する」しかないのであれば、いささかでも専門分野での寄与を見込める劇場への勤務を命じていただきたい。いまや本職の文学でソ連に貢献できる見込みはない。「私の名はあまりに忌まわしいものとなったため、私が仕事を売り込むときの相手の反応は**戦慄**の一言に尽き」るからである。そうである以上、もし出国命令をいただけないのであれば、「第一芸術劇場の演出助手として私を指名して」ほしい。「演出家として御指名いただけないのであれば、端役俳優の身分でも結構ですし、端役俳優も無理であれば、裏方の仕事にも甘んじましょう」。

この手紙を引いて私がおぼえるのは、やはり、ここに示された勇敢、かつ怯懦でない心根ともいうべきものへの、心からの感嘆である。スターリンは自分に対する迎合にはつねに「二枚舌」を疑ったが、自分に対する批判には、少なくともそのような面従腹背がない安心からか、最低限の信頼を抱いた。先の亀山はここに、そのことを見抜いていたブルガーコフの「政治的」判断（「延命術」）――「書記長（＝スターリン）に対して唯一可能なのは、真実のみである、しかもシリアスな」とブルガーコフは五年後、友人に宛てて書く——を見、「断固たる決意と挑戦的とも思える尊大な調子の陰に、どこか卑屈とも思える道化的身ぶりを同居させている」と評しているが(前掲『悲劇のロシア』)、少なくとも、右の宮澤淳一訳を読む限り、亀山の指摘もわかるものの、そうした印象を私はさほど強く、もたない。ここにブルガーコフの政治性が色濃く反映しているにせよ、私の判断は、微動もしない。勇敢さの心は、政治的判断、延命術と、共存し、それらによって弱められない、打ち消されないというのが私の人間観である。

二六年、『犬の心臓』の原稿を没収され、内務省で尋問された際、「白軍に関係したことがあるか?」との問いにブルガーコフは、「ダー(はい)」と答えたという。「すねに傷をもつ身としては、どのような小さな嘘も、将来の作家活動に命とりとなりかねないことが彼には分かっていた」(前掲「独裁者殺し」)からだとも解されうるが、彼が勇敢で正直であったことには変りはない。私の目には、ブルガーコフが、革命後の世界で、その題名も『白衛軍』という、負けた、唾棄されるべきブルジョワ側の軍隊に身を投じた人々へのまなざしを湛えた作品からはじめた作家であったこととの意味にも、この勇気をまのあたりにすれば、合点が行くのである。この作品は、一九二三年から二五年にかけて執筆、発表されるが、掲載誌が共産党の文芸政策と対立して廃刊となったうえ、「反革命の陣営を同情的に描いたものと受けとられたため」、全編の雑誌掲載も、単行本としての出版も不可能となった。しかし、このような成り行きは、めざとい人間になら、最初からお見通しなのではないだろうか。ブルガーコフは、政治的判断より先に、自分のいる場所から、自分の流儀で書きはじめる。はじめにキノコを食べ、大丈夫だと知ったが、それは勇敢だったからである。四面楚歌と「真実」好みは、そういう彼に避けられない運命だったと見えるのである。

けれども、そうであれば、なぜこれだけ心の強い、勇敢な文学者が、よりによって、「最大の罪」としての「臆病」にこだわらなければならなかったのかが、疑問として浮上してくる。

ここには、先に少しだけあげた、日本の作家中野重治の転向小説を思わせる、ある感触が浮かんでいるのである。

5

共産主義と国家主義＝ナショナリズムが、二つながら二〇世紀にあって世界の同時代性の核心であったことを、思い起こそう。『巨匠とマルガリータ』執筆期間とほぼ並行して、中野重治の転向に代表される日本のマルクス主義文学者たちの権力との拮抗の関係も、生じ、展開されている。中野は二四年に東京帝国大学に入学、翌年新人会に加入、二六年、マルクス主義芸術研究会を作り、日本プロレタリア芸術連盟に加入、プロレタリア文学運動に参加している。三二年に検挙され、三四年に「転向」を条件に出獄。三五年にこのおりの転向を主題に「村の家」を発表しているが、これらは見られる通り、スターリンの大粛清期、『巨匠とマルガリータ』の執筆時期と同時代のことである。

その「村の家」に、『巨匠とマルガリータ』の巨匠の「途絶」――マルガリータのもとからの失踪――を連想させないでもないエアポケットのような「空白」が見られる。たとえば、これを転向小説として読む場合、はっきりしないのは、主人公勉次がどこでどう転向したのかという、その屈折点である。「村の家」での転向場面は、こう描かれている。

彼（勉次——引用者）は再び保釈願を書き、政治的活動をせぬという上申書を書き、（しかし彼は、彼の属していた団体が非政治的組織であり、彼が非合法組織に加わっていなかったという彼自身の主張にはどんな意味ででもふれなかった。）一方病室にはいれるよう要求し、看守長に会って、下獄する場合東京もしくは東京近県で服役できるかどうかを検べた。

彼は病室に入れられた。隠されている病名は肺浸潤であることを知り、目方が四四・五キロにへったことを知った。

ある日彼は細い手でお菜を摘まみ上げ、心で三、四の友達、妻、父、妹の名を呼びながら顎をふるわせて泣きだした。

「失わなかったぞ、失わなかったぞ！」と咽喉声でいってお菜をむしゃむしゃと食った。彼は自分の心を焼鳥の切れみたいな手でさわられるものに感じた。一時間ほど前に浮かんだ、それまで物理的に不可能に思われていた「転向しようか。しよう……？」という考えがいま消えたのだった。ひょいとそう思った途端に彼は口が乾あがるのを感じた。昼めしが来て受けとったが、病気は食い気からと思って今朝までどしどし食っていたのがひと口も食えなかった。まったく食欲がなく、食欲の存在を考えるだけで吐きそうになった。両頬が冷たくなって床の上に起きあがり、きょろきょろ見まわした。どうしてそれが消えたか彼は知らなかった。突然唾が出てきて、ぽたぽた泪を落しながらがつがつ噛んだ。「命のまたけむ人は……うずにさせその子」——おれもへラスの鶩として死ねる――彼はうれし泪が出てきた。

（「村の家」）

主人公勉次は、ある日、「転向しようか。しよう……?」という内心の誘惑を退けることができたと感じ、「命のまたけむ人は……うずにさせその子」という古事記に記されたヤマトタケルの死の折りの歌を思い浮かべる。しかし、この直後、彼は、出獄する。獄外で彼をささえていた妻は、彼を迎えるが、不審の目を向ける。彼は転向したのではないだろうか。転向した。転向したので、出獄できたのである。では、右の引用中の出獄に先立つ、上申書提出による病院への移動後の「ある日」の、あの「うれし泪」とは何か。読者はその理解に苦しむ。ここには見えにくい「空白」がある。彼は転向したのか、していないのか。

彼の心因に沿って理解すれば、彼は、おそらく、自分が非合法組織に加わっていなかったという彼自身の官憲に向けた主張を崩さないという一点に、彼の――彼だけの――「転向」の境界線を定めている。それを守ることができれば、外からどう見えようと、自分は、この後もマルクス主義の「政治的活動」は行わないとしても、マルクス主義の理念を信奉し、その自分の信念に基づいて文学活動を続けていける、と考えている。マルクス主義の活動と信念のあいだに線を引き、活動は捨てるが、信念は捨てない。そんな理屈が通用するのかと言われれば、通用しない。それは自分の今後の行いにかかっていると、内心ひそかに思うしかない。どこにも根拠のない線引き。その背景として、彼は獄中の生活のなかでたぶんは性病の発症にともなう精神崩壊（発狂）の恐怖を抱えている（隠されていた病名とはそのことを指しているだろう）。発症したらおしまい。その前に、その一線を崩さず、出獄できるか、それともその一線をも崩さなければ、出獄できないか。その一線を崩そうか、崩すまいか。それが「転向しようか。しよう……?」という怯懦なためらいの逡巡の内容ではなかったかと推測される。その場合、その一線を崩すという誘惑を断ち切ることができたことが、「うれし泪」の意味なのだろうと、考えられる。中野は、この空白で、あること——自分の正否の境界を自分で作り出してそれに基づき動くという自分の決定——を、読者に示しているのである。

『巨匠とマルガリータ』のなかでもっとも見えにくいのは、「村の家」のこの場面の空白にも似た、巨匠が周囲の無理解と拒否とによる四面楚歌のなかで「恐怖」にとらわれ、これまで書いてきたヨシュア(イエス)とピラトゥスの物語を暖炉にくべて焼き、失踪する場面である。実のところ、このとき何が起こっているのかが、読者にはよく見えない。巨匠は、精神病院でこのときのことを隣室の住人、詩人のイワンにこう語る。

(自分の小説を非難する——引用者)論文はその後もつぎからつぎと現れ、とどまるところを知りませんでした。最初のうちは、一笑に付すだけでした。しかし、出現する論文の数が多くなるにつれて、私の態度もしだいに変わってゆきました。第二段階は驚きの段階でした。それらの論文の文字どおり一行一行には威嚇し、確信にみちていたにもかかわらず、なにかひじょうに不自然なためらいが感じられたのです。論文の筆者たちが本当に語りたいことを語らず、まさしくそのために憤激せずにはいられなくなっているように思われて、その思いをどうしても断ち切ることができませんでした。でも、そのあと、わかりますか、第三の段階、恐怖の段階が訪れました。

いいえ、論文に恐怖を覚えたのではなくて、いいですか、論文とか小説とかにはまったく関係のない別のものにたいする恐怖です。そう、たとえば暗闇を恐れはじめました。要するに、精神的な病気の段階が訪れたのです。とりわけ、眠る前に小さな部屋の明りを消すなり、窓はきちんと閉まっているのに、その窓から蛸のようなものがひじょうに長くて冷たい触手を伸ばし、まっしぐらに私の心臓に忍び寄って入りこんでくるように思えたのです。

（前掲『巨匠とマルガリータ』、傍点引用者）

冒頭に記した、私のあげた細部の疑問個所はこの後にくる。マルガリータはこの間の巨匠の様子を見て、青ざめ、後悔し、「小説の断片を発表するようにすすめたことを許してほしい」と哀願する。「なにもかもほうり出し」黒海地方にでも出かけなさいと巨匠に言う。一〇月なかばのある日、切符を買うお金を渡された彼女は家に帰る。夜、午前二時、恐怖にめざめた巨匠は、恐慌をきたし、原稿を燃やす。その後、誰かがそっと窓をたたく。『どなたです？』『私よ……』深夜戻ってきた人妻のマルガリータは、燃え残った原稿を絶望しつつ手に取り、これまで夫に嘘をつき、自分たちの関係を秘密にしてきた「報い」がきたのだ、夫に正直に言って別れて、戻ってくると言って再び姿を消す（この時マルガリータはまだ人妻であった）。

「彼女が去ってから十五分後に、窓をノックする音が聞こえました……」

小説では、こう物語る精神病院のなかで、この直前、新患があり、人が通りかかり、「しいっ！」、話が中断する。「この夜は、まさしく落ちつかない夜であった」。そのため、この先は語られない。そして話が再開されたとき、話の中で、もう巨匠は、部屋を出て「寒さに身を縮めながら」庭に立っている。「窓をノック」した訪問者は、消えている。なにが起こったのかは、巨匠以外の誰にも、わからない。

この個所が、作者ブルガーコフの推敲の未了のため、こうした「空白」を残しているとは考えにくい。というのも、一九七三年版のテクストをさらに検討してその異同部分を加えた一九九〇年版の校訂によれば、主な異同は、およそ三個所であり、それについては新版の水野訳（二〇〇八年）に付記があるが、そのいずれもが、二〇〇八年刊再訳版で言うなら二一六頁、二一七—二一九頁、二二〇頁と、すべて巨匠の失踪に先立つこの場面に集中しているからである。ちなみに最後の異同とは、前頁引用の傍点部分をさしており、この個所は一九七三年版にはあったが、一九九〇年版で削除されている。この個所に語られる反応の第三段階とは、誰かが捕えにやってくるという殺害の予感、死の恐怖である。

もしこの不明瞭な「空白」が、熟慮の果て、宙づりの形で作中に置かれているとすれば、この作者の身ぶりを、どう受けとるのがよいだろうか。

私の仮説を言えば、マルガリータがいなくなって「十五分後に」聞こえた窓のノックとは、窓のノックではなく、電話である。

この「空白」が意図のうえだとすれば、これしかない、というのが私の考えにほかならない。

6

再び前記亀山の論に依拠するが、先に紹介した一九三〇年三月二八日付けの「ソヴィエト連邦政府への手紙」の後、四月に、ブルガーコフは電話を受けとっている。一四日朝、モスクワ、ルビャンカ広場の仕事部屋でソ連の革命を支持してきた、ときの国民詩人マヤコフスキーが拳銃を心臓に放ち、自殺する。その直後、一八日の夕刻、ブルガーコフのところにその電話はくる。かけてきたのはスターリン。この時の会話は、次のようなものであった。

「さよう、スターリンです。ごきげんよう。同志ブルガーコフ」。
「はじめまして。ヨシフ・ヴィサリオーノヴィチ」。
「お手紙を受け取りました。同志たちと一緒に読ませていただきました。その件については色よい返事が得られるでしょう……。お望みでしたら、ほんとうにあなたを外国に出してあげましょうか？　あなたは私たちにそんなに嫌気がさされたのですか？」（前掲「独裁者殺し」）

この電話がどれほどの衝撃でかつ、ブルガーコフの心を「奮いたたせ、勇気づけたかは想像に余りある」。この噂は「またたくまにモスクワの仲間たちに広ま」り、ブルガーコフへの風当たりは一変する。ただ、この空前絶後の電話で、ブルガーコフは「極度の緊張」で、「ロシアの作家は果たして祖国の外で生きられるものか」、そうは「思えない」と、「非亡命の意志」を「半ば迎合的に」スターリンに対し、口にしてしまう。そのことを、「その後、生涯における「五つの致命的な過ち」の一つとまで後悔しつづけることにな」る。数か月後、「やがて興奮から冷めると、スターリンとのわずか数分のやりとりによって、自分の将来にかかわる選択肢の一つが確実に失われたことをはげしく悔い、嘆いた」(同前)。しかし、ともかくも水野の年譜と解説によれば、以後、「希望はかなえられ」、ブルガーコフは「モスクワ芸術座に迎えられ」る。三〇年五月のことである。

この電話と、先の「ノックの音」の記述との関連を考えるうえで、興味深いのは、先の三月のソヴィエト連邦政府宛の手紙に、原稿焼却の事実が記されていることである。

そしてこの私は、悪魔をめぐる小説の草稿と、喜劇の草稿と、第2の長篇小説『劇場』の冒頭を、みずからの手で暖炉の火にくべたのです。

私の作品はどれも絶望的です。

(前掲「ソヴィエト連邦政府への手紙」)

スターリンからの電話の後、彼は「自殺用に入手した拳銃を、ノヴォデヴィチ修道院の池に投げ捨てている」(前掲「独裁者殺し」)。一〇日間をかけて準備したという嘆願書は、ほとんど死とすれすれのところで書かれた。「絶望」、原稿焼却、電話と、その後のポスト提供。この順序は、『巨匠とマルガリータ』における巨匠の絶望、原稿焼却、そして「ノックの音」と、その後の待遇のよい精神病院への収容という順序関係と、並行している。

欠けているのは、ブルガーコフの嘆願書の送付という事実と、その電話でのやりとりがもった意味である。

年譜は、その後五月、ブルガーコフが、モスクワ芸術座の依頼で「ゴーゴリ原作の『死せる魂』の脚色を開始、秋には脱稿」したことを告げている。五月から秋まで、彼は一転、『死せる魂』の戯曲化に力を注ぐ。しかし、その台本の上演は、演出家スタニスラフスキイとの間で意見が対立し、見送りとなり(二年後に上演)、彼は再び劇場側の抑圧に直面する。

翌三一年三月、いったん職を得た劇場に辞表を提出、五月三〇日に再度スターリンに手紙を書き、劇場の抑圧を訴え、三か月の出国許可を求めるが、返事はない(しかし辞職は認められる)。七月、戯曲の契約を結び、『アダムとイヴ』を執筆、劇場からの依頼を受け『戦争と平和』を脚色、三二年、『トゥルビン家の日々』再演、『戦争と平和』脱稿するも上演されず。モリエールの伝記の執筆、モリエールの『町人貴族』の翻訳を契約。『町人貴族』をもとにした戯曲を劇場に持ち込むが、不採用。『死せる魂』上演(一〇月三日、リュボーフィと離婚、翌日、エレーナ・シロフスカヤと結婚)。三三年、伝記小説『モリエールの生涯』を脱稿するも出版拒否。三四年、戯曲『幸福』完成するも上演されず。映画シナリオ『死せる魂』脱稿するも、不採用。とうとうこの年の六月、都合四度目の手紙をブルガーコフはスターリンに書く。出国許可を求めるが、返答はない。旅券は一時、交付されるかに見えたが、ぎりぎりのところで許可されなかった。

年譜は、その年の夏から秋にかけて、二八年から断続的に書きつがれていた長編小説が『偉大な宰相』という題名のもと、全三七章を成立させ、そこに「マルガリータがヒロインとして確定。ピラトゥスとヨシュアの小説を書いたマルガリータの愛人（巨匠のこと――引用者）が新しい主人公となる」ことを告げている。この年の一二月にはキーロフ事件を一大劃期に血の大粛清がはじまる。ここでの論旨から見て意味深いのは、この四回目の手紙を最後に以後、ブルガーコフが、スターリンに手紙を出さなくなることである。

ブルガーコフのスターリンへの手紙は、一九二九年七月にはじまり、三〇年三月、三一年五月、三四年六月と四度まで送付され、それ以後、やむ。そしてその停止とほぼ時期を同じくして、『巨匠とマルガリータ』の構想は、現在読者が目にするものへと固まってくる、と見える。つまり第一の要素としての黒魔術師＝悪魔ヴォランドのモスクワでの跳梁を描く『黒魔術師』（草稿最初のタイトル）の話に、巨匠の書くヨシュアとピラトゥスの物語が侵入してくる。第一の要素（悪魔の跳梁）と、第二の要素である巨匠とその小説（ピラトゥスとヨシュアの物語）の重層というあり方が、ほぼこの時期から、姿をとるようになる。

なぜブルガーコフはスターリンに手紙を出さなくなるのだろうか。もはやスターリンの好意を期待できないとあきらめたのだろうか。それもあるかもしれないが、しかし、三〇年三月二八日の書簡の奔放不羈な書かれ方は、このような消極的な解釈に甘んじさせない力をもつように私には思われる。彼は、ここに来て、絶望し、また、血の粛清の開始をまのあたりにして、一転、むしろ、このような「嘆願」を独裁者に対して行ったことを、間違いだったと考えるようになったのではないだろうか。三〇年四月の電話でのやりとりに端を発した「後悔」が、ここで彼を、押さえ込むのではないだろうか。この作品の執筆開始後、四〇年の完成と死に至るどこかの時点で、彼がこの作品に自分の生命を賭けると決心したことは、間違いないと思われる。その決心が作品に「安らぎ」という主題を与えた契機でもあっただろうと私は考える。その「反転」を、直訴状提出の停止の事実は示しているのではないだろうか。

このことを考えるうえで考慮に入れなければならないのは、ソ連における独裁体制とは、日本の天皇制下の軍国主義と違うことはもちろんのこと、そもそもほかの専制君主の独裁ともまったく異質だということである。ソ連とは共産革命によって成立した国家であり、階級社会の止揚という高い理想と理念と人間観を国是とする体制である。現実の施策と市民的自由の制限にどのような試行錯誤と誤りがあるとしても、理念があり、理念が独裁者の存立をささえている(それがスターリンがローマ皇帝ではなくユダヤ総督である意味だろう)。したがって、その理念のホットラインを通じて、「訴えること」はできる。現実に誤りがあるのであれば、それを正しい道に戻す可能性はつねに残されている。だから、ブルガーコフは、スターリンに書簡を出す。「反動的」な『白衛軍』から書く。そこでは、危ういことこのうえないにしても、独裁者との対峙において「勇敢であること」がありうる、そしてそれは、一度躓けば、「臆病であること」へと転化するのである。

ここで途絶しているのは、この最後の理念的ホットライン――自分の訴えは、聞き届けられるかどうかは別にして、相手の「良心」、その「内奥」に働きかけうるはずだ――の確信と、そして信念である。そしてそれがいったん途絶してしまえば、独裁者への直訴の行いは、その意味あいを変えて、あるいは――迎合にどこまでも似たものとしての――本来の姿を回復して、彼の前に戻ってくる。ブルガーコフは、四度目の手紙の後のどこかの時点で、その「再帰」に出会ったのではないだろうか。

後悔のなかで、これまで彼の行った行為が、ああ、何と自分はあのとき、そしてあれからも、「臆病」であったことかと、「臆病の罪」として意識されるようになったとしても、あるいは、その後悔が、小説中に、主人公(この場合はピラトゥス)の良心の問題として、自分のなかの大切なものを守らなかった——後の特赦を当てにしてヨシュアに死刑判決を下してしまった——罪として形象化されようとしたとしても、それを何ら、突飛なことと見ることはできない。むしろ、『巨匠とマルガリータ』が正義感から単に勇気ある「芸術的抵抗」として書かれたとするなら、あるいはスターリンとの入り組んだ関係だけで展開されているとしたら、なぜそこに巨匠とその小説に体現された晦渋と後悔と憂鬱の主題——つまり、自分自身との関係——が入り込んでくるのか、なぜここにそれに立脚するだろう二重的言説構造が生じてくるのか、そのことのほうが逆に、ありうべからざることと見えてくる。

『巨匠とマルガリータ』の第一の主題が、ヴォランドの跳梁に見られる圧制下での迎合者への糾弾と人間の精神の自由の謳歌にあることは間違いがない。またこれに屈折したスターリン讃歌が加わっていることも十分にありうる。しかしこれらは、いずれもいわば、自分を離れた主題である。この論が仮説として提起するのは、この作品が、これと重層して、第二の主題をもっていること、その主題が、きわめて私的な、あるいは自己との関係の上に立った、権力者への服従と屈辱と栄光にまつわる「善」と「悪」の物語だということである。

ここまで来れば、もう少し精緻な考察が求められる。以下、簡単な素描を記し、今後の考察に向けての準備とする。

7

この小説の主人公巨匠は、ロシア語でマースチェル、英語で言うマスターである。英語タイトルは、The Master and Margarita、作者自身の名前(Mikhail)ともども、頭韻を踏む。巨匠は作中、マルガリータに編んでもらったMのイニシャルつきの帽子をポケットに入れており、時々かぶる(現実のブルガーコフも黒い帽子をかぶっていた)。しかし、作中の巨匠は、尋ねられても「名前なんて、もうありません」「そんなものは忘れることにしましょう」と答え、名を名乗らない。それと同様にまた、『巨匠とマルガリータ』の作中作「ヨシュアとピラトゥスの物語」には、題名がついていない。それは、この小説、そして物語が、いくつかの光源をもち、それぞれの光源から異なる物語として見えるというあり方をもつことと、無関係ではないだろう。

このあり方を私はここで、錯視的と呼んでいるが、この錯視的な構造と、ヨシュアの最後の言葉をめぐる不確定の言説の構造、また冒頭の疑問点の第三に述べた本編とエピローグとの間の現実、非現実の不確定性(＝錯視性)の関係とは、たぶん深く結びついているはずである。

第一の光源のもとで、ヨシュア(A)と巨匠(C)の関係は、作中の主題の極点と作者であり、ピラトゥス(B)と巨匠(C)の関係は、主人公と作者である。ピラトゥスは、自分のもとにヨシュアが連れてこられたとき、ヨシュアを助けたいと思う。しかし、ユダヤ属州総督としての自分の職分を弁えれば、「皇帝の尊厳を侮辱した行為」を放置するわけにはいかない。彼は、過越祭を控えた判決が、一人の特赦を得ることを念頭に、その特赦の形でヨシュアを救うことができれば職分乱用の非難にさらされずに目的を遂げられると考え、それが困難であることを知りつつ、ヨシュアに死刑の判決を下す。しかし、その判断はやはり間違っていた。彼は、職域侵犯の非難のリスクを冒しても、ヨシュアをエルサレム追放、カイサリアへの監禁という(死刑判決でない)決定のほうに振り分けるべきだったのである。なぜなら、その判決の権利は、なお彼の権能の範囲にあったから。その後の展開で、大祭司カヤファの強硬な反対に遭い、特赦をヨシュアに与えられないこととなり、彼は、自分を怯懦、臆病であったと感じる。そしてそれを償うべく、処刑されたヨシュアの埋葬にマタイを付き添わせるべきこと、密告者のユダを暗殺すること、ユダを用いてヨシュアを処刑させた大祭司カヤファの画策を表に出すこと等を、先に見た誰にも言質を取られない逆言的黙言法で、秘密護衛隊長に指示するのである。しかし、その臆病の罪は、彼のもとから消えない。彼は、ワインをこぼした姿のまま、二〇〇〇年ものあいだ、永劫の苦しみのなかに置かれる。

第一の光源の物語がこのようなものであるとすれば、第二の光源のもとでの物語は、こう語られるはずである。では臆病ではないとはどういうことか。そのあり方を体現するのは、ヨシュアである。

この男は使い古してぼろぼろになった水色の長い長衣をまとっていた。額のまわりを革紐でとめた白い包帯で頭はおおわれ、両手は背中で縛りあげられていた。左の目の下には大きな青痣があり、口もとには擦り傷があって、乾いた血がこびりついている。連れてこられた男は不安と好奇心をもって総督をみつめた。

(前掲『巨匠とマルガリータ』)

このヨシュアは、大層なことは言わない。ふつうの言葉で話す。一度、自分の後をついて回るレビ・マタイの羊皮紙を見たら、自分の言っていないことばかりが書いてあるので驚いたとも、言う。レビ・マタイは最初自分を「犬呼ばわりして」侮辱したつもりでいたが、自分は「そんな言葉に腹を立てるほど、あの獣に悪意を抱いてはい」ない、とも語る。彼は、みすぼらしさ、自分の弱さから離れないままに、ピラトゥスを怖れない。

国家権力について尋ねられ、「ありとあらゆる権力は人々にたいする暴力にほかならず、皇帝の権力も、ほかのいかなる権力も存在しなくなる時が訪れるであろう」「人間はいかなる権力も絶対に必要としない真理と正義の王国に移行することであろう」と自分はイスカリオテのユダに「話の合間に言いました」と、答える。そこまで言われ、ピラトゥスは死刑判決の承認に踏み切る。ヨシュアは臆病ではない。しかし、不屈さとは似ても似つかない。ゴルゴダの丘に連れていかれ、磔台にかけられたときには、最後に海綿を突き出され、「飲め！」と言われると「目に歓喜の色を浮かべて」「海綿にしゃぶりつき、むさぼるように水分を吸いこみはじめ」る。磔台の隣の男が自分にもよこせと怒鳴ると、「この人にも、飲ませてやってほしい」と言う。死刑執行人が「寛大な総督閣下を賞め讃えよ！」とおごそかに囁き、ゆっくりとヨシュアの心臓を突き刺したときには、「身を震わせて、つぶや」く。最大の罪は、臆病だ、とではなく、その代わりに、ただ、

「閣下……」

と。この第二の光源のもとで、ヨシュアはスターリンに四度まで手紙を書いていまその怯懦を後悔するブルガーコフ(C)から見られた、手紙を書く前の、ブルガーコフ自身(A)でもある。しかしまた、そのブルガーコフからかいま見られた、不可視の粛清の犠牲者の原像でもあったかもしれない。そのヨシュアの前で、ピラトゥス(B)はスターリンにあくまでも近づく。しかしこのピラトゥスは、『白衛軍』を書いたときのブルガーコフ(A)から見られた、現在のブルガーコフ(C)でもあり、このブルガーコフ(C)もまた、後悔を通じ、対極の側から、ピラトゥス(B)に無限に近づくのである。こうして、第一の光源と第二の光源の重なるところ、誰をも怖れず、隣人を愛し、みすぼらしいこの存在ヨシュアを前に、ブルガーコフとスターリンは、見分けのつかない存在となる。

この構造は、戦後はじめて明瞭に戦争の死者を裏切った昭和天皇を糾弾した文学作品である三島由紀夫の『英霊の聲』における、死んだ「英霊」たちの天皇呪詛の声を伝える神下ろしの霊媒の美青年が、神下ろしが終わってみると、醜い茫洋とした顔に変わっていたという錯視的構造を連想させる。この日本の反時代的な小説は、六六年、奇しくも二六年の風雪をへて『巨匠とマルガリータ』がはじめてその存在をロシアで明らかにしたのと同じ年に発表されているが、作品最後に記される醜い茫洋とした顔につき、作者三島は後に、これは、昭和天皇の顔のことだと述べている(堂本正樹『劇人三島由紀夫』)。死者たちの声を伝える霊媒の美青年は作者三島の分身だろうから、ここで三島は、戦争の死者たちの前で、自分と自分が糾弾する昭和天皇とは「同じ穴の狢」だと、言っていることになる。そのように、自分を罰することを代価としてでなければ、三島に昭和天皇の糾弾は、できないものと感じられているが、ブルガーコフも、どこか深い光源から見れば、自分とスターリンは、同類だと、感じていたかもしれない。

むろんそこでの両者の関係は、三島と天皇のそれとは違う。しかし、三島が『文化防衛論』で昭和天皇の上に天皇なるものを置いて、昭和天皇を相対化しようとした身ぶりは、悪魔ヴォランドがヨシュアの要請に応えた後、彼自身ドン・キホーテのような存在性を一瞬浮かび上がらせ、姿を消していく最後の場面を思い出させる。理念は粛清された死者たちのもとにある。そこから光はやってくる。その光源、ヨシュアの人間像に、これまでの「芸術的抵抗」の物語、独裁者との愛憎の物語にない未知の色合いが、現れていると、私は感じる。

神ではなく悪魔が跳梁するこの物語に、それでも影薄く神がヨシュアの名で置かれること。悪魔ヴォランドが時に絶大な力を体現するスターリンと重なって見えるとはいえ、やはり想像力で現実を転覆させる文学の神でもあるだろうこと――。こうした光源の錯綜から、この作品が、それほど単純な傑作なのではないことが、浮かび上がってくる。ブルガーコフがスターリンの独裁というあり方に対置したものとは、文学が可能にするこの錯視性、つまりいくつもの光源のもとで、自我が複数性のもとに佇むあり方なのではないだろうか。

物語の最後に、マタイがやってきて、ヨシュアが巨匠の物語を読んだ、と言う。ヨシュアの判断は、巨匠は光には値しない、安らぎに値する、というものである。大粛清の死者たちから見れば、どのような作品も、「光」には値しない。しかし、「安らぎ」には、何とか値するであろう。その安らぎを与えてくれ、とイエスは悪魔に依頼する。

この結末の意味を、私が十分に受けとめているとは言えない。しかし、少なくともこう見るとき、ブルガーコフのこの小説は、悪魔ヴォランド、黒猫ベゲモートの並外れたパフォーマンスと、巨匠、ヨシュアのこれも類いまれな歯切れの悪さとで、人間の強さと弱さのそれぞれの光を、いずれもかけがえのない明度で、明るみに出しているものと読める。強い光の栄光と、弱い光の栄光と。二者は異なるが、その二つのあいだに、差があるとは私には思われない。

最後に一言。

この作品のいくつかのことがらについて、一昨年、私はこの小説の訳者、水野忠夫氏に尋ねる予定であった。そのための時間もとっていただいていた。しかし予定の日に三か月ほど先立つ九月のある日、水野氏は急逝された。ご冥福をお祈りする。

（『新潮』二〇一一年五月号）

ヘールシャム・モナムール
――カズオ・イシグロ『わたしを離さないで』を暗がりで読む

植民地に何らかの独立を与えるなど茶番にすぎない。植民地が独立国の地位を維持できるのであれば、ただの一時間も植民地になっているはずがないからである。

――サー・エドワード・カスト
「西アフリカ情勢について……植民地省への意見書」

1

カズオ・イシグロの原作を「ザ・ビーチ」の原作者アレックス・ガーランドが脚色、「ストーカー」の監督マーク・ロマネクが映画化した「わたしを離さないで」(二〇一〇年九月米国封切り)は、最初の断りを除いてはまったく非日常的な映像の出てこないSF映画として観客に強い印象を残す。その最初の断りとは、原作にはない、いかにもSF映画の文法に則った次のような背景説明である。曰く、

医療科学における一大技術革新が一九五二年に起こり、それまで治癒不能とされた病気も治療できるようになった。一九六七年までに人類の平均寿命は百歳を超えた。

カメラは淡々とその医療革命のなった一九七〇年代から九〇年代までのイギリスの田園と小都市の街並みを映す。出てくるのはある全寮制施設の若者たち、保護官と呼ばれる彼らを教える教育者たち、そして彼らの仕事の背景にほんの少し現れる医療その他の関係者たちである。最初の断りを見なければ、誰一人、これが臓器提供用に作られたクローンたちの運命を描く、仮想的なパラレルワールドの反現実映画だとはわからない。にもかかわらず、映画は、そもそもの原作がSFの文法を借景にした作品であったことを思いださせる。こうした反SF映画的外観と合わせ、この作品の原作の本質が、SFというあり方をフィルターにすると、より適切に取り出せるのではないかと、考えさせるだけの喚起力をもっている。

「わたしを離さないで」は英国の映画だが、20世紀フォックス社とフォックス・サーチライト・ピクチャーズ社他数社が配給している。ハリウッド映画の範疇に組み入れても許されるだろうが、そう受けとると、この映画が、これまでのハリウッド製SF映画と、二つの点で大きく違っていることが、まず、私たちの注意をひく。

ハリウッド系のSF映画の原型は二つに要約できる。一つは、主人公が「人間」であること、そしてもう一つは、現実が「架空の現実」であることである。そこから、「人間」が彼らを襲う「架空の現実」上のパニックに立ち向かうという、ハリウッド製SF映画の基本的定型がやってくる(「アルマゲドン」「デイ・アフター・トゥモロー」)。そこでは、いきおい、二つの要素を併せもつ「現実に存在しない」プラス「人間でないもの」との遭遇が、大きな要素を占めるようにもなる(「宇宙戦争」

「猿の惑星」「エイリアン」)。またそこに近年、次の新しい変化が加わっていることも、私たちのよく知る通りである。まず「人間」と「人間でないもの」の境が曖昧になり、「人間でないのに人間そっくりの存在」(擬似人間＝レプリカント、クローン)が現れるようになった(「ブレードランナー」)。それから今度は「現実」と「架空の現実」の境が曖昧になり、「現実でないのに現実そっくりの存在」(擬似現実＝ヴァーチャル・リアリティ)が前景化するようになる(「トータル・リコール」「トゥルーマン・ショー」)。一九九九年の「マトリックス」のように、その二つを併せもつSF映画も作られている。

さて、映画「わたしを離さないで」が示唆しているのは、この先、次のような新種SF映画が登場してくるだろうことである。一つに、そこでは、「架空の現実」性が限りなくただの「現実」に近づき、やがてそれと瓜二つのものになる。一見したところ、私たちにはこの現実そっくりの架空現実がどの点で私たちの現実と違うのか、わからない。しかし、この映画が示唆するように、それはこの現実と、はっきりと違っている。また、そこでは、「人間でないもの」が「人間でないのに人間そっくりの存在」にとって代わられるだけではなく、ついには、「人間」の代わりに、主人公の位置を占めるようになる。SF映画も、西部劇映画同様、そのハリウッド映画としての「人間(＝白人)中心主義」の命運を尽きさせようとしているのかもしれず、そしてそれは「わたしを離さないで」が示すように、この度は「人間」の終焉という形を取る可能性がある。

原作のもつこのようなSFとしての先進性に刺激されてか、単行本のカズオ・イシグロ論としては最初期のものの一つである『カズオ・イシグロ』のなかで、著者ワイ＝チュー・シムも、イシグロの

『わたしを離さないで(Never Let Me Go)』を、その刊行と同じ年(二〇〇五年)に封切りされたマイケル・ベイ監督のハリウッド製SF映画「アイランド」と比較している。「アイランド」の特徴は、これがクローンを主人公にしたはじめてのSF映画だということにある。シムは、ともにクローンが人間の臓器提供用に生かされているという設定をとりつつ、「アイランド」の主人公が彼らクローンを抑圧する管理社会に反逆するのに対し、『わたしを離さないで』の主人公たちが、その酷薄な運命を淡々と受け入れることを、驚きとともに指摘する。[1] しかし、その違いは、イシグロの「抑制された」語りから生じるのでもなければ、彼の「抑制された」主人公への偏愛から生まれているのでもない。双方の作り手における、主人公を「人間でない」存在にすることへの覚悟の有無、徹底性の有無から、その違いは来ているのである。

「アイランド」では、自分が本物の人間の臓器提供用のクローンであることを知った主人公は、そのことに衝撃を受けても、その後も、同じディーセントな存在にとどまり続ける。かつてスラヴォイ・ジジェクが「ブレードランナー」の主人公について問題提起したように、[2] 擬似人間である存在は、それまで自分を人間だと思ってきたとしても、実は自分がそうではなく擬似人間(レプリカント、クローン)だと気づくとき、激しい自己喪失の危機にさらされないではいない。少なくとも、西洋の人間観ではそう考えるのが論理的だが、しかし、そうした問題は、この娯楽SF映画「アイランド」では、便宜的にスキップされている。その結果として、「アイランド」の主人公トム・リンカーンは、身体こそクローンだとはいえ、意識としては「人間」のまま、クローンたちの解放へとまなざしを向ける。黒人の登場人物の介在などからも明らかなように、この映画は近未来の奴隷解放の寓話に似たものとなる。

「ブレードランナー」の主人公デッカード(Deckard)は、近代的コギトの祖デカルト(Descartes)をなぞっているというのが、ジジェクの説だが、それにならえば、「アイランド」のトム・リンカーンは、トマス・ジェファーソンとアブラハム・リンカーンをなぞっている。そしてこちらでは主人公のコギト(自我)は動揺せず、リンカーンは自分がクローンだと知らされた後も、リンカーンのままにとどまる。

2

ここで映画を離れ、イシグロの原作について見ることにすれば、これに対し、小説『わたしを離さないで』では、主人公たちが、あなた方は臓器提供用のクローンなのだと告げられてもさほど衝撃を受けない。そのことへの答えが、映画におけるよりもはるかに周到に用意されている。「アイランド」において、主人公がクローンでありつつ、ジェヌインで人間的であり、他方、本物の人間たちのほうが、フェイクで非人間的に見えるのは、観客が主人公にいわば「虐げられた人間」の像を認め、これに共感するからである。しかし、小説『わたしを離さないで』で読者がクローンの主人公にディーセントで人間的な感情を刺激されるとすれば、それは、——人間同士の——共感の働きによるものではない。

この小説は、主人公である介護用クローン、キャシー・H の一人称の語りを通じて物語られる。主人公は、英国内でクローンの教育のために用意された全寮制の施設ヘールシャム(Hailsham)に学ぶ三体のクローンである。ところで彼ら、キャシーとトミーとルースは、自分たちが臓器移植のドナー用に生み出された存在であることを施設で若いルーシー先生に告げられても、シムが指摘するように、他の生徒とともに、その真実告知にさほどのショックを受けない。しかし、彼らは、何も底抜けに従順であるためそうなのではなく、イシグロの意図に照らせば、そのことにショックを受けることができないのである。なぜなら、ショックを受けるには驚きを生む素地としての無垢の内面がなければならない。しかし彼らの内面にはその無垢の白紙性がない。彼らは事前に、ここに言う、原初的な白紙性を奪われているのである。

この真実告知は、(人間である)読者に「えっ」という驚きをもたらす一方、(クローンである)主人公たちには、「やっぱりそうだったのか」、あるいは「そういえば、そう言われていたっけ」というように軟着陸する形でしか届かない。というのも、彼らは、幼児のときから多くのことを教わってきた。その知識の伝授は一種のブレイン・ウォッシュ(洗脳)の効果を及ぼす。トミーは語る。ルーシー先生は、この施設では先生は生徒に「教えているけれど教えていない」と言った。巧妙に「教える」ことで、「理解する」ことを抑止しているというのだ。

(学校では——引用者)何をいつ教えるかって、全部計算されてたんじゃないかな。保護官がさ、ヘールシャムでのおれたちの成長をじっと見てて、何か新しいことを教えるときは、ほんとに理解できるようになる少し前に教えるんだよ。(3)

ところで、このクローンの若者の言葉は、ジョン・ロックの「白紙状態（タブラ・ラサ）」という考え方を思いださせる。ロックは、それまでのスコラ哲学伝来の「人は生得的に基本的な論理命題を知っている」という考え方に対し、「人は本来「白紙」の内面をもっており、それを経験によって成形していく」存在だと述べた。個人の尊厳、人間の尊厳を、その始原的な白紙性の上に基礎づけたのである。

「アイランド」の主人公のクローンが、意識としては「人間」であるとは、彼が人間と同様、クローンであるとわかった後もこの「白紙」を失わずに保持しているということである。だから彼は自分がクローンであると知って衝撃を受ける。そしてそのことを知った後、反逆する。これに対し、「わたしを離さないで」の主人公のクローン達が人間でないとは、この始原の白紙性を奪われていることを、さしている。

彼らはその意味で感度の悪いラジオに似ている。まともなラジオなら鮮明に捉えられる電波が、この小説の主人公達にはノイズとともにしか捉えられない。物語の最後近く、キャシーはマダムの家を探しに三度まで彼女の住む町に偵察に行く。その際、実は彼女はマダムとともに住むヘールシャムの校長（主任保護官）であったエミリ先生を見かけていた。しかし、そのことに気づかなかった。それを彼女は後にエミリ先生から指摘されるのだが、[4] この事実はキャシーが、多くを知っているのにそのすべてを読者に語らない――イシグロの他の小説の語り手がそうであるような――「信頼できない語り手」なのではなく、そもそも外界に対し感度の悪い「性能のよくない主人公」であることを、示している。彼女の目を逃れ、意識に捉えられず、脱落した情報はこの小説の彼女のナラティブに多くあるのであり、読者は語り手にいわば穴のいくつもあいた容器に入った物語を差しだされていることに、このような挿話のはしばしを通じて、気づかされるのである。

しかし、この感度の悪いラジオは、自分の感度の悪さに痛烈に自覚的であるという一点で、単に感度の悪いラジオとも、また単に感度のよいラジオとも、違っているだろう。

たとえば、ヘールシャムの施設を出て、二年間の準備期間をグループごとにコテージで過ごすあいだ、キャシーはセックスに関心を示し、性体験をもち、ときにたまらなくセックスしたくなる。ある日、キャシーはポルノ雑誌が置き去りにされているのに気づき、それをボイラー小屋にもちこみ、頁をめくる。「でも、あの日は、興奮することが目的ではありませんでした。（中略）くねった体にはほとんど目もくれず、ひたすら顔だけを見て進みました。ページの片隅にビデオの広告が埋め込まれていれば、そこに出ているモデルの顔も忘れずに見ておきました」[5]。そこで彼女はこのように読者に向けて語る。イシグロの設定で、一番困難をきわめた課題は、親をもたずに生を与えられた存在に、親がいないことはどのように意識されるか、という問いに答えを用意することだったはずである。主任保護官だったエミリ先生は、最後、臓器提供のしばしの延期を嘆願にきたキャシーとトミーに、自分は生徒たちに真実を告げなかったが、自分一人でその秘密を抱えることで、生徒達に「子供時代」という誰からも奪われない大切なものを与えることができた。それが自分の誇りだと、『カラマーゾフの兄弟』における大審問官さながらに、重々しく言う[6]。しかし、そのクローンたちの「子供時代」には、親が存在していない。読者は後に、右のボイラー小屋の場面で、キャシーが、なぜポルノ雑誌を読んでいたのか、彼女に対するルースの言葉――「どうせ私たちの「モデル」など社会の落伍者たちなのよ」[7]――への怒りを通じて、教えられることになるのだが、彼女は、そのとき、自分の細胞のオリジン――「親」――を探していた。性経験のあまりないキャシーは、自分の性衝動に驚き、自分を作り出したオリジナルな「モデル」は性産業に従事する社会の下層の売春婦とかポルノ雑誌のモデルなのではないかと怖れ、誰にもそのことを知らせず、懸命にポルノ雑誌に自分に顔の似た「モデル」を、探していたのである。

キャシーは、自分が人間ではないことを、それだけは人間に負けない鋭敏さで、自覚している。その自覚を通じて、キャシーの存在としての痛みを、イシグロの語りは痛切に、荒々しく、浮き彫りにする。キャシーの「十分に感じられないこと」「本当の人間ではないこと」の自覚が、彼女をどう傷つけ、同時に彼女に鋭敏な人間の目とは異質の強酸性の視力を与え、苦しめているか。そのことの人間的な意味を、イシグロはその語りを通じて、読者にわからせるのである。

3

「人間とそっくりだが人間ではない存在」としてのクローンを主人公に据えるという発想は、なぜ、またどのようにイシグロに訪れているのだろうか。

イシグロは五歳のときに親の仕事の都合でイギリスに渡り、あと一年で日本に帰るよと何年かのあいだ親に言われ続け、二つの国の言葉の間に宙づりになるという道を通って、彼の英語を自分のものとする。[8] 日本語はただ彼のうちに、一定程度話を聞くことはできるが、書くことはできない、いわば前意識的な言語のようなものとして、痕跡を残す。[9] こうして、「母語をもたない」小説家が生まれる。イシグロは、自分にとって母語がないことの意味をつきつめることで、英語を用いる非ジェヌインな書き手となる。

彼の第二作『浮世の画家(An Artist of the Floating World)』は、第一作『遠い山なみの光(A Pale View of Hills)』に続き、日本と日本人を題材にとっている。この二つの小説で、彼は、国家の一員として戦争に打ち込んで、敗戦に出会い、すっかり変わってしまった戦後の社会のなかで、戦前の信念を手軽に捨てきれない、とはいえその信念からも切り離された、敗戦国に固有な人間のタイプに光をあてている。これらの人物に対し、日本の批評家たちは無関心ないし、否定的である。たとえば、戦争中に自ら信じて国策に沿った絵やポスターを制作した主人公の画家小野(『浮世の画家』の主人公)について、ほぼ完全な反動的人物という否定的評価が下される。[10] しかし、二度まで繰り返されるこの種の人物の取りあげ(第一作における前夫の父で主人公の義父にあたる緒方誠二、第二作における小野益次)には、イシグロの明確な意志が働いていると考えるほうがよい。緒方も、小野も、かつて信奉した戦争目的を今なお信じている、というのではない。彼らは、そうではなく、自分がそのとき行った信念をかけた選択の、その不可避性——その当時はこのように考える以外になかったことの動かし難さ——を、いまも信じる、と言っている。いまの自分にその信奉はない。しかし当時の自分がそれを信奉したことの動かし難さは信じる。だからそれを誤りだったとは、考えない、と言うのである。だから彼らは戦前の戦争目的をいまもなお信じるという国家主義者たちとも、これを否定する戦後の民主主義者たちとも、違っている。双方のはざまに理解されずに宙づりにされている。ちょうど、イシグロが英語を母語とする者と、日本語を母語とする者のはざまに、理解困難なまま、宙づりになっているように。そう、イシグロは、その思想内容に関心があるというより、その存在の仕方に、関心を抱き、多少の共感と好奇心を胸に、こうした敗戦後の反時代的人物を取り上げているとも思われるのである。

「母語」と「信念」という、これら二つの要素がイシグロの二つの小説では、併走している。この二作にふれ、彼は述べている。一人称の語りで日本にふれて小説を書いた際には、二つのことを考えた。一つに、第一作『遠い山なみの光』の主人公、緒方の息子と離婚した後、英国人男性と再婚して英国に渡る悦子は、第二言語として英語を話す日本人女性である。そのため、彼女の英語はどこかに「外国人らしさ」をともなう外国人っぽい英語でなければならなかった。だからそのようにした。二つに、『浮世の画家』の主人公小野の場合は、「彼が日本語で語っているはずであり、読者はただそれを英語で受けとっているだけだ」ということが示されなければならなかった。そこで言語は、今度は、ほとんど「擬似翻訳(pseudotranslation)のよう」でなければならず、「つまり私は流暢過ぎてもいけないし、西洋の口語体を使いすぎてもいけない。それはほとんど字幕のようで、英語の背後では外国語が流れているということを示唆するものでなければならな」い[11]。だからそうした。つまり、彼は、英語にも日本語にも帰属しない。自分に母語がないということが、自分の書くことのオリジンだと、言う。若山牧水の歌に出てくる白鳥よろしく、「浮遊する世界に漂う芸術家(an artist of the floating world)」。それは彼自身のことかと見えるのである。

また、同じことが「信念」についても言える。この彼の身ぶりは、非西洋としての日本を異国情緒めかして語るオリエンタリズムから遠いが、それと同様に、オリエンタリズムの紋切り型に抗うポストコロニアリズムの意思表示からも遠いことに、注意しよう。このことは、イシグロの文学が非政治的だとか、ポストコロニアリズムと無縁だとかということを意味するのではない。なぜなら、クローンの問題にまつわる全てを見はるかすエミリ先生と不完全な人間としての一体のクローンにすぎないキャシーの対話は、この作品にとって最重要の意味をもつ最も緊迫した場面の一つだが、たとえば冒頭にあげたホミ・K・バーバの引くイギリスの植民地主義者サー・エドワード・カスト[12]と、一介の植民地人が相対するなら、そこに生まれるだろう、圧倒的な強者と無力な劣者の非対称的なやりとりを彷彿とさせる。同じように、先にマーク・ロマネク監督の「わたしを離さないで」は、近代的な意味での「人間」ではない偽の人間＝クローンを本当の意味で主人公とするはじめてのSF映画だと述べたが、この「人間」を、たとえば「欧米人」と置き換えるだけで、ここでの話はそのまま西欧社会の非西欧社会に対する文化的圧迫の問題になりかわる。クローンを人間として――あるいは人間らしく――教育する全寮制施設ヘールシャムにもっとも近い教育機関として、私たちの歴史が知っているのは、カナダで一九二〇年にダンカン・C・スコット博士の提唱のもとに設立されたファースト・ネーションズの子女のための全寮制学校、レジデンシャル・スクール(Residential School)である。そのことを思いあわせればすぐにわかるように、この映画の背景は、文字通り、ポストコロニアリズムの言説領域に転写されるのである。[13]

にもかかわらずイシグロの作品が、「信念」の問題として、ポストコロニアリズム的な抵抗といった姿勢を示さないのは、これとは別の理由からである。ポストコロニアリズムは、それを身にまとう者にたとえば非西洋の側へのアイデンティファイを要求する。西洋の側へと同様、非西洋の側にもアイデンティファイしない人間にとって、ポストコロニアリズムは、いわば、政治的なツール、「信念」上のツールとして不十分なのだ。イシグロがポストコロニアリズムの戦闘性から遠いのは、彼が、英語を母語としないと同様、日本語をも母語としないという、二重の否認を自分の本質としているからである。イシグロにポストコロニアリズム的な戦闘性が欠けているというより、むしろポストコロニアリズムに、イシグロのように同時に双方を否認するだけの徹底性が、欠けているのである。このことは、今後、ポストコロニアリズムの戦闘性がより先鋭化すれば、逆にイシグロの——弱者の抵抗を何にも依拠させせない——戦闘性に、別種の光があたるだろうことを予測させる。

4

では、ポストコロニアリズムに限定されない、イシグロの戦闘性、政治性はどのようにこの作品に表れているのだろう。

英語で読める作品刊行後のインタビューにこの種の発言は見えないものの、日本で発表されたインタビューの一つで、イシグロはこの小説の最初のプランは、核爆発をめぐるものだったと述べている。[14] それによると、彼はこの小説の構想を一九九〇年から温めていた。そのときは、朽ちかけた田舎の農家で若者たちが共同生活をしているイメージと、彼らが核兵器、あるいは原子力エネルギーの放散に遭遇するという設定だけが頭にあった。しかし二〇〇〇年、三度目の執筆の際に、「核兵器の方向を完全に捨てることを決意」し、代わりに当時話題になっていたクローン羊ドリーの製造に見られる遺伝子工学の最先端の技術を取り込むことで、自分のテーマを盛り込んだ話が書けることに気づいた、という。

イシグロはやはり日本人に向けた別のインタビューでは、「核物理学が飛躍的に進歩して原爆や水爆が生まれたこの二十世紀の代わりに、生物学、クローニングといった分野が大きく進歩したらどうなるか」と考えてみたとも述べている[15]。核開発に各国がつぎ込んだ国家予算がもしすべて医学のこの方向に振り向けられていたら、どうだったか、こういうことも可能だったのではないか、というのである。この小説で、エミリ先生の口から「戦後、五〇年代初期に」と語られ、これを受ける形で、映画の背景説明として、「一大技術革新が一九五二年に起こ」ったと、画期的な医学的革命がこの時期に生じたことが語られるのは、この医学上の最先端の技術革命が、核爆弾の発明と初使用という歴史上の事実に、この小説においては、取って代わっているということなのだろう。特に断られてはいないが、『わたしを離さないで』の世界には、原子爆弾が存在していない。その代わりに、クローン技術が存在している。そしてそれが、この小説がSF作品として、これまでにない新しさをもつと私が考える主要な理由でもある。つまり、この作品における最大の現実の架空性は、起こらなかったことにある。原爆は開発されなかった。その代わりに、臓器提供用のクローンたちの製造が開発され、その結果として、キャシーたちが存在している。その意味で、キャシー・Hをはじめとするクローンたちは、裏返された Hibakusha——落とされなかった原爆の犠牲者たち——なのだと、言えなくもない。

キャシーは、よく考えられない。トミーも、ルースも、うまく考えられない。短命を運命づけられた彼らは、子供を作ることができないだけでなく、――最後の会見でのエミリ先生の言葉が示唆するように(16)――健常者と完全に同等というほどの能力もたぶん、もたされていない。しかし、読む者は、より弱く、偽物の生を生きる擬似人間のほうが、本物の人間よりもディーセントで、人間的ですらある、という不思議な読後感をここから受けとる。「人間」であることは、必ずしも「人間的」であるための、必要条件ではないようなのだ。そこで虐げられた者は、第三世界性にもプロレタリアート性にも自分の悲惨さの理由を求めることができない。彼らはどこにもアイデンティファイできず、また、しないことで、誰よりも、遠くまで行き、これまでになく多くを深く経験する。その読後感は、同じイギリスの非英国系小説家であるサルマン・ラシュディや南アフリカ共和国出身の小説家Ｊ・Ｍ・クッツェーのいくつかの作品とともに、ポスト・ポストコロニアリズムの地平を指し示しているだろう。

事実、克明に読めば、この作品で語り手キャシーが語りかけている相手は、限定されている。わたし達(人間)ではない。しばしば彼女は自分の読み手にこう語りかける、「ほかではどうか知りませんが(I don't know how it was where you were)」つまり「あなた方のところではどうだったか知りませんが」と(傍点引用者)。ここでキャシーは彼女の仲間、同類たるクローン達に語っている。私たちはそれをいわば立ち聞きしているのにすぎないのである(17)。

5

最後に。

この小説が日本ではどう読まれうるかというのが、私に寄せられた問いであった。大江健三郎の編著で知られるように、[18]日本には原爆投下以来、原爆をめぐる小説の系譜がある。それは原爆文学と呼ばれ、一つのジャンルを構成している。この問いに対し、私は、日本の文芸評論家として、イシグロのこの小説を、原爆が一度たりとも現われない、まったく新しい種類の原爆をめぐる小説として受けとることも可能であると、指摘しておきたい。

『わたしを離さないで』で、クローン技術は、一九五〇年代前半、映画によれば一九五二年に開発されているが、これは、ハリケーン作戦の名で、イギリスがはじめての核爆発実験に成功した年である。そこで爆発したのはファットマンの名で知られる原子爆弾のコピー・タイプだが(原爆製造にまつわる都市伝説では、最初のウラン型爆弾に与えられたリトルボーイの名が足の悪かったローズベルトをさすのに対し、第二のより重いプルトニウム型爆弾に与えられた呼び名ファットマンは、太っちょだったチャーチルをさしている)、一九五二年に爆発しているのは、七年前、イシグロの故郷、長崎に投下されたプルトニウム型、ファットマン――人間――をモデルとしたそのコピー――クローン――なのである。

この文章を書く傍ら、私はたまたまやはりドイツ人でありながら、イギリスに住んで戦後のドイツの運命について書いたW・G・ゼーバルトの小説『アウステルリッツ(Austerlitz)』を読んでいた。するとと読み進めるにつれ、書名がアウシュビッツ(Auschwitz)に重なって聞こえるようになる。同じく、イシグロが意識していたかどうかとは別に、この小説を読んでいる間、クローン育成の教育の場所であるヘールシャム(Hailsham)の地名は、私の耳に、最初の核爆弾使用の現場、ヒロシマ(Hiroshima)の名に、重なるものと聞こえている。

注

（1） Wai-chew Sim, *Kazuo Ishiguro*, Oxfordshire and New York, Routledge, 2010.
（2） スラヴォイ・ジジェク、酒井隆史・田崎英明訳『否定的なもののもとへの滞留』序、太田出版、一九九八年。
（3） カズオ・イシグロ、土屋政雄訳『わたしを離さないで』早川書房、二〇〇六年、一〇〇頁。
（4） 同右、三〇八頁。
（5） 同右、一六二頁。
（6） 同右、三二一頁。
（7） 訳文でこの個所は「わたしたちの「親」はね、くずなのよ」となっている(二〇〇頁)。しかし小説原文では注意深く「親」(parent)の語は避けられている。「親」の代わりに置かれているのは、「モデル」(model)である。
（8） 大江健三郎、カズオ・イシグロ「The Invention of a writer――作家の生成」『Switch』第八巻第六号、一九九一年、六七頁。
（9） カズオ・イシグロ、阿川佐和子「阿川佐和子のこの人に会いたい」四一一回『週刊文春』二〇〇一年一一月八日号、一四四頁。

(10) 木下卓「カズオ・イシグロにおける戦争責任」『水声通信』第二六号、二〇〇八年九・一〇月号、一二九頁。菅野素子「「擬似翻訳」という身振り――カズオ・イシグロの『浮世の画家』」『ほらいずん』第三六号、二〇〇四年、四六―四七頁。

(11) Gregory Mason, "An interview with Kazuo Ishiguro", in Brian W. Shaffer and Cynthia F. Wong, ed., ***Conversations with Kazuo Ishiguro***, University Press of Mississippi, Jackson, 2008, p.13.

(12) ホミ・K・バーバ、本橋哲也ほか訳『文化の場所』法政大学出版局、二〇〇五年、一四七―一四八頁。

(13) 付言すれば、同じクローンから介護人を選ぶやり方も、ユダヤ人絶滅収容所でのゾンダーコマンド(焼却炉の遺体処理を行う特殊班)を収容者から選んだナチスドイツの強制収容所の任用法を、連想させる。

(14) カズオ・イシグロ「インタビュー　カズオ・イシグロ――『わたしを離さないで』そして村上春樹のこと」(インタビュアー・大野和基)『文學界』第六〇巻第八号、二〇〇六年八月号、一三六―一三七頁。

(15) カズオ・イシグロ「僕らは一九五四年に生まれた」(インタビュアー・柴田元幸)『Coyote』第二六号、二〇〇八年、四二頁。

(16) 元主任保護官のエミリ先生は「わたしは一目であなたがわかりましたが、あなたはそうはいかなかったかもしれません("I recognized you, but you may well not have recognized me.")」とキャシーに言う(『わたしを離さないで』三〇七―三〇八頁、原著二五六頁)。

(17) 日本語訳ではそれぞれ「ほかではどうか知りませんが、ヘールシャムでは(中略)ほとんど毎週のように健康診断がありました」(一八頁)、「ほかの施設ではどうだったか知りませんが、ヘールシャムでは、保護官が喫煙にとても厳しい態度をとっていました」(八三頁)、「ほかの施設ではどうかわかりませんが、ヘールシャムでは同性愛に非寛容でした」(一一六頁、傍点はすべて引用者)、等々と記されている個所で、傍点部分の原語はいずれも直訳すれば「あなた方のところではどうだったか知りませんが」にあたる"I don't know how it was where you were"である。このナラティブの反復は、キャシーに想定されている読み手が彼女と同じクローン存在であって、必ずしも私たち(人間)ではないことを示唆している。

(18) Kenzaburō Ōe ed., *The Crazy Iris and Other Stories of the Atomic Aftermath*, New York, Grove Press, 1985.

(この文章は、The American Interest 誌第六巻第四号、March/April 2011 に発表された Norihiro Katō, "Send in the Clones", translated by Michael Emmerich の日本語原文である。転載を快諾してくれた同誌に感謝する。)

(『群像』二〇一一年五月号)

「理論」と「授業」――文学理論と「可能空間《ポテンシャル・スペース》」

1 はじめに――テクスト論の問題点

今日はこうして国語教育の論議の場にお呼びいただき、ありがとうございます。今回の日本文学協会の大会テーマは「〈第三項〉と〈語り〉――ポスト・ポストモダンと文学教育の課題」となっています。会誌『日本文学』本年(二〇一二年)三月号の案内によると、「ポストモダン思想の限界」の中心をなす「相対主義的世界観」を「どう乗り越えるか」ということが、問題とされているようです。

今回のテーマにあげられている「〈第三項〉の理論」については、国語教育の部外者であるため、詳しくは存じあげません。ただ、文学研究における「相対主義的なあり方」を乗り越えるため、新しく考案された考え方であることはわかります。

ここにいわれるポストモダン思想の「相対主義的なあり方」とは、文学研究でいうと、テクスト論の文学研究が、作品解釈のあり方として、いわば「ナンデモアリ」となっていることをさしています。それでは、国語教育が成り立たない、という国語の先生がたの危機感から、これを乗り越える新しい文学理論が教育現場で必要とされるようになった。そして現れたのが、この「〈第三項〉の理論」というものなのでしょう。

この理論について、少し自分なりに予習してみましたが、調べたところによれば、当時都留文科大学の国文学者、田中実さんが二〇〇一年、「〈原文〉という第三項──プレ〈本文〉を求めて」という論文を発表しています。また、ここから広まった「〈第三項〉の理論」が『国文学 解釈と鑑賞』の二〇〇八年七月号、二〇一一年七月号で、それぞれ、「〈原文〉と〈語り〉をめぐって──文学作品を読む」、「〈原文〉と〈語り〉をめぐってII──ポスト・ポストモダンの課題」という特集を組まれています。参照した論文によれば、テクスト論によって開示された、「唯一の客観的な正解」は「ない」という認識を前提に、しかしそこに発する「主観(読者)と「客観」(本文)の二元論」からくる恣意的な解釈を克服するため、了解不能な他者としての「客体」そのものとしての〈第三項〉(=〈原文〉)を、ここに導入しようという主張が「〈第三項〉の理論」と呼ばれているようです(鈴木正和「小説の読みと第三項の原理」『山脇学園短期大学紀要』四二巻、二〇一一年)。

ここで文学理論についていうと、私もかつて、テクスト論の「ナンデモアリ」性に盲目的に従っているだけでは「批評」が死んでしまうと思い、テクスト論批判を試み、ミシェル・フーコーの「作者の死」の考えに対し、いや、読者は作品を読むことで、そこから主観的な「作者の像」なるものを受けとるが、そのことが、テクスト論の「ナンデモアリ」性への抵抗の拠点となる、という趣旨の理論的企てを行ったことがあります(『テクストから遠く離れて』二〇〇四年)。当時の流行に反旗を翻す主張だったので、風当たりは強かったのですが、いまもこの「作者の像」理論が「作者の死」理論よりは、まともなのではないかと考えています。この国の研究者は外来の権威に従うので、浸透はしていませんが、時間が経てば、この考え方に落ち着くのではないでしょうか。いずれ「作者の死」理論からは、テクスト解釈の恣意性、「ナンデモアリ」性しか生まれないからです。その点、ここでの皆さんの問題意識と、重なります。たぶん、それでここにお招きいただいているのだと思います。

そこで、まず、本論に入る前に、この「〈第三項〉の理論」について、私の考えを簡単に述べておきます。

2　「〈第三項〉の理論」について

テクスト論は、基本的にテクストを作者から切り離します。そして、読者はこれに恣意的に、先験的ななにものにもとらわれることなくアクセスするとされます。そこから、解釈はどのようにも可能だという恣意性、「ナンデモアリ」性が生じてきます。その出典は、たとえば次のようなロラン・バルトの言明です。

> 「テクスト」は複数的である。ということは、単に「テクスト」がいくつもの意味をもつということではなく、意味の複数性そのものを実現するということである。それは「還元不可能な複数性」である(ただ単に「容認可能な《アクセクタブル》複数性」ではない)。「テクスト」は意味の共存ではない。それは通過であり、横断である。したがって「テクスト」は、たとえ自由な解釈であっても解釈に属することはありえず、爆発に、散布に属する。実際、「テクスト」の複数性は、内容の曖昧さに由来するものではなく、「テクスト」を織りなしている記号表現の、立体的複数性とでも呼

べるものに由来するのだ（語源的に、テクストとは織物のことである）。

（ロラン・バルト、花輪光訳『物語の構造分析』みすず書房、一九七九年、傍点原文）

テクストは、意味の複数性を実現する。この意味の複数性の「爆発」ないし「通過」にさらされる経験が、テクストを読むということなのだ、というのです。

あらかじめいえば、私はこの考えに賛成です。ただ、私は、この意味の複数性の「爆発」にさらされることではなく、そのなかで、その「爆風」に抗しながら生成されるのが「読むこと」の経験なのだと考えています。では、その抵抗はどのようになされるのか、というのが、私の「作者の像」の理論だという位置づけです。

しかし、これに対し、「〈第三項〉の理論」は、この「ナンデモアリ」性を統御するために、この意味の複数性の「爆発」が起こらないようにする、というものです。「爆発」を阻止しようと、この「読む」関係の場に、テクスト（本文）とは異なる第三項、メタレベルとしての「原文」というものを導入しようとするのです。第一項としての読者、第二項としてのテクスト（本文）との関係の場に、第三項としての「原文」が入ってくる。第一項と第二項の関係は、こうして第三項の「原文」の存在によって「ナンデモアリ」の恣意性、相対主義から、救い出される、と考えられているわけです。

そして、そこでは、この〈第三項〉は、読者とテクスト（本文）の一対一関係の外部に立ち、あたかも「了解不能の他者」のような存在——「爆風」の圏内を超越した存在——なのだとされます。私の目には、それは、カントの「物自体」とか、レヴィナスの「他者」と似て見えます。「了解不能」の物そのもの、という感じですが、しかし、それだと、テクスト論からの後退になるのではないか、というのが私の考えです。

簡単な理解だけで、ここは済むと思うので、申しますが、カントの「物自体」という考え方は、先に、ヒュームという人が、「感覚によって経験されたもの以外は、何も知ることはできない」と述べたのに対し、出されたものです。ヒュームの経験論が成り立つためには、「経験を生み出す何か」がなくてはならないのではないか、とカントは考え、それを「物自体」と呼びました。その「物自体」は、当然ながら、経験することができない。しかし、論理的に存在する権利をもつ、とカントは考えるのです。したがって、「物自体」は存在するにあたって、私たちの主観に依存しないわけですが、ここにいう第三項としての「原文」も、読者の主観に依存していません。読書行為というものが成り立つとしたら、それに先立ち、「それを生み出す何か」が前提されなければならない、という論理的な構成、因果律に立って、読書行為の以前に、また、主観の外部に、設定されるもの、これが「〈第三項〉の理論」にいう〈原文〉なのです。

最近はここにいうポストモダン思想全体をひっくり返す「ポスト・ポストモダン」の考え方として「祖先以前性」という概念も登場しています(カンタン・メイヤスー『有限性の後で』の「思弁的実在論」のカギ概念の一つです)。これは物自体まで戻るという主張で、一見、「〈第三項〉の理論」にも似ているのですが、この〈原文〉というモノは、そこにいわれる「祖先以前性」のように、人間の存在に先立ち、数億年前から存在していた事実、というわけではありません。なにより、人によって書かれたものです。ですから、まったく違う。読書の行為には、やはり、読者が、作品を読む、という一対一の関係しかないと考えるべきでしょう。にもかかわらず、それが「ナンデモアリ」性に陥らないのは、テクスト以前にプレ・テクスト（テクスト以前性）があるからではない。読者が、その意味の複数性の「爆風」にさらされながら、「作者」の意図、操作が働いていると一方的に確信することを通じて、そこに「作者の像」という「客観的根拠をもたない第三項」という抵抗の拠点が作り出されているからです。

私は、そう考えるので、「第三項」を「了解不能の他者」とみなすこの田中実さんの理論には、不賛成です。それだと、かつて、近代的な作品解釈論が、この一対一の関係性のなかに作者という「絶対的な主体」を導き入れることで、そこに存在する「浮遊する本質」——あの意味の複数性の「爆発」——を殺したのと、同じ間違いが繰り返されてしまいます。テクスト論からの後退になるというのは、そのことです。

しかし、門外漢が、この会場で、皆さんの信奉する「〈第三項〉の理論」に正面から異議申し立てしようというのではありません。ここでは、そのだいぶ手前の話をさせていただきます。第三項説の存在理由は、文学研究における価値相対主義をどう乗り越えるか、ということにあります。その出発点まで、遡ったうえで、ではなぜ「価値相対主義では困るのか」と問うてみましょう。すると、私の述べようとすることと、今回の大会テーマとの共通の議論のテーブルが、現れてきます。

3　私の教育体験

ここでお話ししたいのは、国語教育ということです。国語教育とは、学校で生徒・学生を相手に国語、日本語の表現について教えることですが、日本語の表現の中心をなすのは文学です。ですから、文学の教育ということになります。すると、国語教育の教育としての特徴は、たとえばそれが数学・算数などと違って、誰にも共通の正解がない、ということだとわかるでしょう。漢字の書き取りなどだと、正解があるのですが、言葉の表現の問題へと、教育の段階が進むと、もう、数学・算数、理科とは違って、あらかじめの正解はなくなってくるのです。しかも、教育の程度が高まれば高まるほど、この「(あらかじめの)正解がないこと」が、この国語教育の本質として、ありありと現れてくるわけです。

しかし、国語教育において数学・算数の場合のようには「正解がない」としても、そのことは、作品の解釈には「正解がない」、だから、「ナンデモアリ」なのだ、ということにはなりません。算数のような、どんな場合にも、誰が計算をしても、必ずそうなる、という形での外在的、客観的な「正解」こそないけれども、別の仕方で、これが「正解」だ、ということの確信が、各人のもとに生まれ、各人はそれを掲げて、互いに競いあう。その「正解」の複数性から生まれる「競いあい」によって、ありうべき「正解」がいよいよ多くの人間を納得させるところまで、鍛えられ、最後、多くの人間に納得される「一つ」に向かって収斂されていくのです。

収斂されていく。しかし「一」にはならない。「一」にはならないのですが、どこまでもそれに近づいていく、近似していく。その運動が、意味の複数性の「爆発」のなかで、しかし「正解」がありうる、と私たちがいえることの実体なのです。

算数教育における答えが、高い天空からつり下げられて浮かぶ球体で、地上からは手の届かない不動の鉄球(＝第三項)だとすると、国語教育における答えは、各人のせめぎあいが作りなす噴水のぶつかりあいの突端に浮かぶ風船のようなものなのだということがわかるでしょう。爆風があろうとなかろうと、また、せめぎあいがあろうとなかろうと、天からつり下がる算数の答えはいわば「他者」として、そこにあるのですが、国語の答えは噴水のような、「正解」をめざす説のせめぎあいのダイナミズムに支えられて、かろうじて宙に浮かんでいます。下からの運動――これがロラン・バルトのいう「爆発」であり「散布」です――が消えれば、あっという間に、大地に落下し、霧散してしまうのです。

こう考えれば、国語教育は、教育として、他の科目の教育とはまったく違うようだとわかります。私が、教育とは何か、という訓練をまったく受けず、何の準備もなく、大学の教育現場に身を投じて、最初に、ありありと、感じたのはそのことでした。外から見ていると、学校の先生というものは落ち着いていて、知識を学生、生徒に教授するものだと見えます。私もそう思っていましたから、そのつもりで準備して教室に臨めば、大丈夫なのだろうと思ったのですが、いくら準備をしていても、それだけではダメだ、とわかったのです。

私は、一九六六年に大学に入り、一九六八年に文学部に進学したのですが、大学闘争の時期に重なり、その後、一年以上、印象としては、二年間くらい、大学で授業がありませんでした。結局、二年留年し、一九七二年に就職しました。ものを考えたり、書いたりすることが好きでしたので、大学に残ろうと考えましたが、大学院に二度落ち、出版社もすべて落ち、かろうじて、国会図書館にひろってもらい、図書館職員となりました。そういうわけで、まともな学生生活といってよいものを過ごしたのは、六六年からの二年間だけなのです。それから勤務先からの派遣の形で、外国の大学の研究所、図書館の調査局などにも数年席を置きましたが、あくまで図書館員、調査員職としての勤務でしたから、帰国して、八五年に大学に働き先を変え、授業を行ったときには、学部での二年か三年かの受講経験のほか、まったく何の授業を受けた経験もなかったのです。

その後、ゼミをもつことになりましたが、学生時代、ゼミというものに参加したこともありませんでしたから――国立大学で、ゼミというものがなかったのです、特殊講義という枠があるだけでした――、ゼミもどうやればよいのか、経験がなく、試行錯誤の連続でした。

大学に入り、言語表現法と現代日本文学という講義を受けもつことになり、その講座枠を作った多田道太郎さんに、言語表現法って何ですか、とお聞きしたら、アンタのために作ったンや、自分で考えて、と言われ、途方にくれたことを昨日のように思い出します。

4　爆風と抵抗

最初の授業は、現代日本文学というもので、学生は、三名でした。そのうちの一人は、鶴見太郎君といい、いま、早稲田大学の史学科の教授をしています。フーコーの『言葉と物』の話を用意していったのですが、一時間半の授業のつもりが、二〇分ほどで、準備していったことをすべて話してしまい、はじめての教室には、甲子園ではないが、魔物が住んでいるということがよくわかりました。

個々の授業についてお話しすると、これから優に三〇分は話してしまいそうなので、省略し、この私なりの「国語教育」からわかったことをお話しします。

一〇年ほどして、九〇年代半ば、岩波書店の編集者から、今度、「テキストブック・シリーズ」というものをはじめるが、ついては、「文学理論」ないし「文芸批評理論」という巻を担当してくれないか、という申し出を受けました。そのとき、言下に、それはできない、とお断りしたのですが、それは、この間、授業をやってみて、「文学理論」は教師にとって麻薬のようなもので、「授業」をダメにする元凶だと、痛感することがあったからでした。

そのことについて、今回の話の「予告」に大要、こう書いています。

――一九八六年から、大学で文学の授業を行うことになり、一番困ったのは、「何を教えればよいのか」がわからないことだった。教えるのでなくて、一緒に読もうとすると、メダカの学校のように「誰が生徒か先生か」わからないようなカオスが生まれる。ひどいストレスが教師の側に生じる。「日本現代文学」と「言語表現法」という二つの授業で、この問題にぶつかった。それで一番便利な方法が、文学理論を教える、ないし、文学理論に立って文学を教える、という「知識」の上下関係を教室に導入する方法であることがわかった。すると、知的なハイアラーキーに立つ、「教える／学ぶ」関係が生まれ、両者の関係が安定する。しかしそれは、本来、誰もが同じ資格で文学作品を読む、「野生の思考」のぶつかりあいであるところの「文学」にふれるという経験の核心を、回避することではないかという疑念が生まれた。教師としては、楽になるが、その分、文学を、「読むこと」の快楽を、やせ細らせる。授業という学生にとっての経験をも貧弱にする。文学理論は、それ自体としては、良くも悪くもない。しかし、国語の授業では、よほど注意しないと、導入によって、悪く作用し、文学に触れる経験を別のものにすり替える。そして、教師を助ける。それで教師はこの麻薬めいたものに依存しやすくなる。

と、ここまでが「予告」の要旨ですが、そのことに気づいて以来、私は、自分の授業では、そういう「理論」を禁じ手にして、授業を通じ、ダイナミックな「読み」の歓びを受けとれるようなあり方をめざすようになりました。

そのときの考えを、いま言えば、文学の授業の本質は、事前の正解がないことだ、となります。「正解がない」なかで「正解を探す」こと。それが文学の授業の本質なのだ、ということです。もう少し言えば、「正解がない」、その意味の複数性のなかで、互いに「正解を探しあう」。するとその探索の行為が、その人その人なりの「正解はこれだ」という手応えをもたらす。それこそが、文学にふれるという経験なのだと思ったのです。

そこからはじめたのは次のような授業です。たとえば、ある小説を読むという場合、全員にそれを読んでこさせて、発表者二名には、共同で一〇頁を超える調査、分析のレジュメを用意させる。そのうえで、最後、二人なら二人それぞれに違う感想、解釈を用意させ、これを合計三〇分以内で、報告させ、発表させる。そして残りの時間で、あがったポイントについて、参加者に意見を出させ、その後、全員に感想を言わせる。それが私の「現代日本小説講読」という授業の授業内容となりました。同じスタートに立つために、定説のない作品、新しい作品を多く選ぶ。私は、この授業をもとにして二〇〇四年に先の理論編『テクストから遠く離れて』の姉妹編として実践編『小説の未来』というものを刊行しています。そこには、保坂和志『季節の記憶』、大江健三郎『取り替え子《チェンジリング》』、高橋源一郎『日本文学盛衰史』、金井美恵子『噂の娘』など、当時の「書かれてまもない小説」ないし「だれもが二の足を踏んで正面から取りあげない作品」が選ばれていますが、それは、このような考えによるものです。こうして学生にも、教師が同じ地面に立っていることがありありとわかる共通の場を作る。「だれが生徒か先生か」わからないメダカの学校ができあがります。

授業では、まず、共同の登攀活動を行う。作品における物語年表の作成、登場人物の列挙、語りの構造、等の作業は、共同の作業です。共同で出来ます。つまり、作品読解には、まず、誰にも共通の取り出しの基礎領域がある。そのことをしっかりと了解する。しかし、その先、解釈、読後感、評価は、発表者二人のあいだでも違う、一人一人が違う。その両面が作品の解釈と読解には含まれる。そういうことを、しっかりと授業の場でわかってもらうのです。

あるところまでは、一緒に行けます。しかし、山頂付近の九合目からは、一人一人分かれ、単独行でしか、向かえない。相互に確証できる九合目までと、各人内で確信をもちこたえるしかない九合目以上と。そこで「分岐」するそれぞれの作業を身体でわかってもらう。そして、この二人の発表に、全員が短く、評とまた、自分の評価を示す。評点は五点満点の五段階評価とし、とにかく、評点を下す、そして、その理由を簡潔に、一分以内で言う。また、その評点をリストにし、自分の評が作品ごとにどれだけ違い、その評のあり方自体が、他の学生とどう違うのかをわからせる。その一回目の話し合いを受けて、二回目には、問題点を話し合わせた後、今度は教師の私が、自分で「これが自分にとっての正解だ」と感じられる読解を、自分の「読み」として示し、そこに並べる。また、私の評点をも、学生と同列のリストに加える。九〇分の授業が、昼をはさんで、二つ。すべてで一八〇分。これを、一五週繰り返すのです。

さて、そこで私は何をしたことになるのでしょうか。

第一に、小説を読むとはどういうことか、ということの片鱗を、学生に教えています。それは、一つに、自分の「読み」を他の学生に「ぶつける」ことです。えっ、自分がこんなにいいと思った小説を、友達のAは、面白くないのか、えっ、こんなに退屈なものを、Bさんは、いいって言うのか、と「読み」の違いに驚くことが、ちょうどスポーツをするときのように、「楽しい」。それを支えているのはあのバルトのいう意味の複数性の「爆発」です。その爆風に身体をゆさぶられる。その「楽しさ」を身体で知ることです。身体を動かすことが、楽しい、とサッカーに興じる子供が思うように、作品という一個のボールをめぐって、頭を動かすことが、楽しい、とわかること、つまり、爆風にさらされ、そのなかで、「一つのボール」を追うこと、その爆風に抵抗して進むこと、それが文学を読み、自分の感じたことを言葉にしあうことの内奥をなす経験なのです。

次に、感動し、いいと思ったときには、それを、口に出す。相手が口に出し、自分がそうとは思わなかったら、なぜ、そう思わなかったかを、やはり言葉にする。それは自分の「読み」を他の人と競わせることです。その教室にいる誰もが、同じ一つの小説を読んでいるということが、いまや、どんなに奇跡に近いことなのか。違う場所で、一人一人が、時間をかけ、同じ小説を読み、この場所に参集している。そういうことを、一〇回も続けると、受講者は、文学に触れるということが、どういう経験であるのか、それが、たとえ一人で読んでいる場合でさえ、他の人とつながることなのだということを、身体でおぼえます。小説を読んで、自分が、あ、いい！　と思うと、この小説は、これまで、どんな評判だったのかな、とほかの「評価」が知りたくなる。こうして、ともに読むことが、どんなにほかでは得られない経験であるのかを、痛感するようになります。そして、学生は、終わる頃になると、だいたい、この授業を受けて楽しかった、と言います。

　そこで何が学ばれているかというと、「正解」の獲得の仕方ではないのです。そのためには、数学や、理科を学ばなければならない。しかし、「単一の正解がないこと」に耐えること、そして、やがてはそのことの「面白さ」を味わう力が身についてくること。また、「正解」がないなかに、ほかの場合とは別の仕方で、――「正解」を探しあうことを通じ――「正解」が立ち上がってくることを身をもって知ること。そういうことが、学生、生徒に、これまで学校でやってきたこととは違う知の経験として、もたらされます。単一の「コレシカナイ」を教えられるよりも、「ナンデモアリ」の方が面白いが、「ナンデモアリ」だと、やがて飽きる。それより、複数の、多くの「コレシカナイ」がひしめきあい、せめぎあい、「ああだ、こうだ」と言いあうなかから、一つの「コレシカナイ」のありうることが身体に感じられること、それがどこかにあるはずだ、と感じられるようになること。そういう経験が、それだけで、絶対に楽しい、とわかってくるのです。

5　なぜ「価値相対主義」では困るのか

さて、なぜ「価値相対主義」では困るのか。その理由が、上の経験からわかると思います。

つまり、一つの作品を捉え、この小説は、Xのようにも読めるよね、Yのようにも読めるよね、Zのようにも読めるよね、という感想が提出される。これを受けて、じゃあ、そのいずれがいいか、と問いを立てるのではなく、こんなふうに価値が複数的であることが大事なんだよね、というように作品の「読み」を並列的に提示する仕方が、価値相対主義です。そこで終わってしまうのが、これまで日本でバルトのテクスト論として信じられてきたものだったのです。しかし、これはバルトを裏切っているのではないでしょうか。なぜなら、それは意味の複数性の「爆発」を、意味は複数あるんだよね、先生がそういっているし、という形で、逆に回避することだからです。

なぜ、これだと、回避になるのでしょうか。

爆発が爆発であるためには、それに抗するものが一緒になければなりません。意味の散弾をたくさん入れて、その放散を押さえ込む、その抵抗があってはじめて爆発は爆発になるのです。

記録を読ませてもらうと、昨年の発表では、「〈第三項〉の理論」について、テクスト論の批評の流行の結果、「ナンデモアリ」な〈読み〉が量産されたことが、「八〇年代問題」と呼ばれていました。多くの文学の研究者、熱心な先生方が、おお、バルトがこういっている。複数性がいいんだ、とそれを教室で生徒に教え込もうとしたのですね。そしてその結果、まったく授業がサスペンスのないものになってしまった。皆さんが途方にくれて、それが九〇年代に入り、「八〇年代問題」と呼ばれるようになりました。その克服の試みとして、この「〈第三項〉の理論」が現れた。そういう背景が語られています(大谷哲「文学研究の「八〇年代問題」と〈読み〉のグランドセオリー」『日本文学』二〇一二年三月号)。

でも、なぜ「ナンデモアリ」の読みでは困るのでしょうか。

その背景をもう少し詳しく見ると、かつて、初期の文学理論は、多くが、文学作品の「意味」を、作者の「意図」に還元するものでした。ですから、そこには「正解」があって、それは、この作品を作者がどのような「意図」で書いたか、ということを調べあげれば、割り出される、と考えられました。

しかし、上に述べたような「理論」なしで「小説を読みあう現場」の体感から言うと、それは、互いに、自分の読みは、Xだ、Yだ、Zだ、と言い合い、意見をぶつけあうゲームですから、じゃあ、このあたりで、正解を作者から言ってもらいましょう、というのでは、名探偵の犯人明かしじゃあるまいし、面白くありません。正解が、場外からくる、これは、おかしい。こういうことが続くと、それは、理論として、実際に小説を読む楽しみ、経験の本質を捉えていない、ということですから、そういう理論はおかしい、という声が高くなるはずです。そのため、この「正解はコチラ＝コレシカナシ」、――つまり作者の意図が正解の根拠という文学理論は、テクスト論の前に、没落せざるをえませんでした。

単にテクスト論という新しい理論が来たから、古い理論が一掃されたというのではない。古い理論では、文学をともに読むことの「楽しさ」がうまく取り出せない。「正解」がある、というのは、どうもおかしい、という感想を、みんなが持っていたので、あのバルトの論に、これだ！とみんなが飛びついたのです。バルトがいう、意味の複数性は「容認可能」なのではなく「還元不可能」なのだ、というのは、この力点をさしていたわけです。

しかし、このバルトのテクスト論は、作者の特権的な位置を遮断して、作品だけを重視しようという主張の形を取りました。というか、より正確には、そのように平板に受けとめられました。それ以前の文学理論が作者「正解の根源」説だったことの否定が、こうした反動の主張と受容を呼んだというのは無理からぬところもありますが、これは少々粗雑な飛躍でした。

というのも、作品は、作品だけで存在するのではなく、読者が作品を読む、という関係性のうちに存在しています。この一対一の関係性、「作品を読む」ことをいったん取り外し、「作品」をそれだけ、取り出すと、これはテクスト論に言う「テクスト」になるでしょう。「テクスト」と「作品」の違いは、「テクスト」が、関係の場から取りはずされているので、どのようにも読まれうる、という点なのです。極端に言えば、途中から途中まで、断片としても読まれうる、そういう権利をもっているということになります。「作品を読む」という読書行為の一対一の関係性を離れれば、「コレシカナイ」の正解性の足場は、なくなりますから、読解は、「ナンデモアリ」が基本になってしまうのです。

そこでは、作品の意味の作者の意図への還元が、遮断されています。それが「作者の死」ということです。そして、「ナンデモアリ」の読みが、そこから副作用として、その結果、生まれてきます。テクスト論では、従来の近代主義的な「正解ハコチラ、コレシカナシ」性は、排除できたが、同時に、読者が作品を読むときに、よかった、つまらなかった、えっ、これをいいって言うの君は！と感じる、あのせめぎあい、主観的な「コレシカナイ」の磁場——意味の複数性の「爆発」の現場——も、読書行為のなかに位置づけられることがないため、いくつものテクスト解釈の併置のなかで、赤子のように流されてしまうのです。

それは、サッカーでいうと、ボールが、いくつ中に入ってもいいサッカーゲームだといってもよいし、ピッチの周りにゴールが、六つも七つもあるサッカーゲームだといってもよいでしょう。そこには、ボールは一つ、ゴールは二つという「コレシカナイ」性がない。点数が沢山入る。ゲームは、35対31くらいになってしまう。でもそうだと、ゲームは、面白くなりません。

やはり、これでは困るのではないか、「ナンデモアリ」では困る、という声が再びあがってきました。これが、「ポストモダン思想の相対主義」では困る、という皆さんの懸念の根拠です。でも、大事なことは、ここでも、これらの声の出発点は、あの教室の「小説を読みあう現場」だということでしょう。あのせめぎあいの面白さ、興奮が、判定の出所なのです。

ここまで来て、私の話は、ようやく「〈第三項〉の理論」とふれあいます。

6 「作者の死」から「作者の像」へ

テクスト論の考え方の問題点は、作品の読みが「価値相対主義」となり、「ナンデモアリ」になってしまうことだ。この点で、私の考えと、この大会のテーマである「〈第三項〉の理論」は、同じ出発点に立っています。

批評とは、右のような「せめぎあい」を言葉にして提示しあう言表活動ですから、私は、授業と批評、二様の経験から、八〇年代後半以来、終始一貫、文学理論としてのテクスト論には、見切りをつけていました。ロラン・バルトの批評は面白い、しかしテクスト論だから面白いのではなく、バルトの批評のうちに生き生きとした発見があるから面白いのです。私は、六〇年代、学生のとき、新しがり屋でテクスト論の走りのフランスの雑誌「テル・ケル」などの読書会を友人たちとしたりしていましたが、それで、その面白さも限界もわかった気がしていましたから、七〇年代のはじめ、それを離れ、八〇年代の初頭にカナダの地で三年半ほど、その北米での流行の現実に接したあとでは、批評の原理として、金科玉条と化したテクスト論には動かされませんでした。

この日本文学協会の大会でも、一度、一九九四年に呼ばれて話しています。「anything else としての文学」というタイトルで、「テクストとして読む」と「文学として読む」との違いを述べ、やはりテクスト論の狭さについて否定的に語っています(『理解することへの抵抗』一九九八年)。皆さんのあいだに、「八〇年代問題」というような議論が起こる前の時期で、まだまだテクスト論が優勢だった頃でした。でも、その頃からおられる方なら御存知のように、八〇年代半ば以来、「ナンデモアリ」では困る、ポストモダン批評は、モノマネで面白くない、というのが私の主張でした。

その後、自分なりに、批評の現場、授業の現場に立ち続けるうち、しっかりと作品に向かいあうには、テクスト論はむしろ害になる、と考えるようになりました。そこで、テクスト論の限界と誤りを示す必要を感じ、これに代わる文学理論の原理が必要だと思うようになりました。それに踏み出すきっかけを与えてくれたのは、前回この大会で話した竹田青嗣さんの『言語的思考へ』という二〇〇一年の論考です。そこに示された「一般言語表象」という考え方にふれ、テクスト論に代わる文学理論を提出する見通しが立ち、それで、理論モデルとしては「作者の死」に代わる「作者の像」という考えを提出しました。『テクストから遠く離れて』(二〇〇四年)という本ですが、その最初の論考「「作者の死」と『取り替え子《チェンジリング》』」はいまから一〇年前、二〇〇二年一〇月に『群像』に発表しています。皆さんの多くが信奉する「〈第三項〉の理論」は、二〇〇一年に提唱され、そこから広まっていますから、だいたい、出発も、同じ時期にあたっていたわけです。

私が、テクスト論では困ると感じたのは、一つに、その「ナンデモアリ」の恣意性のためですが、もう一つは、テクスト論だと、テクストに「語られていない」ことが、取りだせないためでした。その問題意識が、九四年の発表では、文学のうちにある、something（何か）ではない anything else（ほかの何でも）性への広がりとして語られています。

作品を読んでいると、あることがらが、あえて「語られないでいる」という感触を受けとる、というばあいがあります。レティサンス、「故意の書き落とし」と呼ばれるあり方がその例ですが、作品の書かれ方、方法意識が多彩になり、高度になると、そういうところにまで、「書くこと」と「読むこと」の経験の厚みが増していきます。しかし、テクストを読みながら、そこに何かが「故意に言い落とされている」と感じるとすれば、そのとき読者は、作者の存在をそこに仮定しているのです。作者という項が抜け落ちていれば、テクストがすべてです。そのばあい、「書かれていないこと」がテクストから感じられることは、ありえないわけです。

そのことでは、ラカンが、イメージと言葉の違いを、イメージは、不在（ないこと）を指し示せない、と言っています。机の上にリンゴがある。そのリンゴを取ってしまう。すると、言葉では、机の上にリンゴがない、と言えますが、図だけだと、机がある、としかならない。リンゴがないことは、図＝イメージでは示せないのです。

つまり、言葉には「ないこと」があるが、イメージには「ないこと」がない。それと同じように、作品には「ないこと」があるが、テクストには「ないこと」がないのです。

そういうわけで、テクスト論では、そこに「書かれていない」ことは、見えてこないし、取り出せません。テクスト論の致命的な欠点は、テクストに「ない」こと、そこに「抜き取られている」ことが、その理論では、捉えられないことなのです。ラカン流にいえば、テクスト論には、想像界(リマジネール)しかない、象徴界(ル・サンボリック)が欠けているのです。

ところで、右に述べたように、「書かれていない」ことがあると感じられるとき、読者には「作者」の像ともいうべきものが思い浮かべられています。その「作者」が、ここに書かれてもよいことがらXを、ここに書いていないのだ、と読者は感じているのだからです。ここに、浮かびあがっている「作者の像」は、読書行為の外に、外在的に存在する実在の作家とは、まったく関係がありません。そういう意味でそれは匿名の書き手の像でもあります。しかし、これは了解不能の他者ではない。どのような了解可能性にも開かれた、誰の手でどのような書き込みも可能な、複数の了解可能性のせめぎあいの果実としての「第三項」なのです。さきほどの照応でいえば、ラカンの象徴界における大文字の他者にあたるのが、この「作者の像」だといってもよいかもしれません。

テクストは、書かれていることは明示します。でも、この「作者」の項を想定しないと、テクストに「不在」は組み入れられません。そして、テクストの外部に、作者はいない。しかし、テクストの内部に、人が一対一の関係をもつたび、「コレシカナイ」という形で「作者の像」が浮かびあがっており、それが、作品の「コレシカナイ」性を作り上げているのです。こうして想像界としてのテクストが象徴界としての作品へと代わっています。

すると、この読者と作品の関係性のなかに浮上する「作者」とはどういう存在でしょうか。それは、読者によって、作品を読むという一対一の関係性のなかで作り出された「作者」の想像上の像です。実際の作者がどうであるかとは、関係しません。ですから、むろん、ある作品の作者が実際にAという人物で、以前にどういう小説を書いてきたか、ということなどは、作品読解上、重要な手がかりになるのですが、厳密に言うなら、一つの作品を読んで、そこからある感動を受けとるのに、その作者が誰であるかを知っていることは、必ずしも必要不可欠ではないのです。

どんなドストエフスキーの愛読者も、最初に『罪と罰』を読むときに、ドストエフスキーがどういう小説家かを知らない。でも、それが誰かによって書かれたものであることは、――自然にできたものでないことは――わかっています。テクストは、ただあるのではない。また数億年前から存在している『二〇〇一年宇宙の旅』のモノリスのような存在でもない。誰かによって書かれている。それが「作者の像」の理論の根拠なのです。

この「作者の像」の長所は、この文学理論が、作品を読むという行為の「コレシカナイ」性を保証しながら、「コレシカナイ」性の複数性をも、保全していることでしょう。文学作品は、色んな人がそれを読んで色んな評価を下す。その評価がせめぎあう。そのせめぎあいを可能にし、そのせめぎあいのなかから、その人それぞれに(正解は)「コレシカナイ」という確信を届けます。でも、それは最終の「正解」ではありません、その到達不可能性――「正解」の複数性――ゆえに、作品はさらに読み替えられ得る可能性を秘めつつ、また、なお「コレシカナイ」という了解を帯びて、未来に読みつがれるのです。この理論が、「コレシカナイ」の絶対性、唯一性への信憑によって、「ナンデモアリ」

性を撲滅しようとする「〈第三項〉の理論」とは、この点、厳しく対立するものであることが、ここからわかっていただけるかと思います。

7 「相対主義」の克服と「可能空間」の創出

この秋（二〇一二年）、ヤール・ハレル（Yael Harel）という研究者がイスラエルからやってきました。専門の精神分析と文学理論のすりあわせをもとに、村上春樹を研究することをめざしている、ついては研究の指導と助言を受けたいというのです。

話しているうち、精神分析の領域で知られるドナルド・ウィニコットの「養育中の一対」（nursing couple）という理論と、文学理論のヴォルフガング・イーザーの読書行為論との類比に着目し、村上春樹の小説にひそむ不合理な謎を正当なものとして受容する読解の考え方を作り上げることができるのではないか、というのが、この人の狙いだとわかりました。

この人の要請に応えるために、私もウィニコット、イーザーの理論をひもとき、少し眺めてみたのですが、この人の考察の方向とは別のところで、「作者の像」に関し、一つのヒントを得たという思いがありました。

ウィニコットは、精神分析学のなかでは、「移行対象」の論を提示したことで有名ですが、ほかに、母親と赤ん坊の一対性に注目した学者——赤ん坊は、母親との一対性のなかでしか、カウンセラーの前に現れないことに着目した学者——としても知られています。また、イーザーは、文学理論のなかでは、テクストと読者の一対性——テクストは読者との一対性のなかでしか、文学作品として立ち上がってこないこと——に着目し、読書行為論を打ち立てた学者として知られています。

この研究者、ハレルさんは、第一に、ウィニコットの「赤ん坊は単独では存在していない」、「赤ん坊が私の前に差し出されるときには、必ず赤ん坊をケアする誰かがそこにいる、そこにいるのは〈養育中の対〉nursing couple だ」という言明と、イーザーの「テクストは読まれることで（読者との対の関係のなかで）はじめて存在する。したがって、読者の目を通じて考察されなければならない」という言明を並べ、ともに、両者のうちに内在する一対の関係性に注目し、ついで第二に、その関係性のなかに、相互主観的な「可能空間（potential space）」が生じることに注目していました。

この「可能空間《ポテンシャル・スペース》」という考え方が私には大切なものと思われます。私のこれまで述べてきた考えに照らせば、関係（サスペンス）の磁場、ということにあたります。ハレルさんによれば、読書行為において、この一対一のポテンシャル・スペースは、ちょっとの謎（「空所」）は読者に、そこに何があるのかを考えさせますが、謎だらけになると、関心が跡切れ、読者は本を閉じる、ということのうえに、顔を見せています。ちょっとの「空所」であれば、それは可能空間を生み出すが、「空所」だらけになれば、その可能空間は死ぬというのです。これは、カウンセリングにおいて、カウンセラーが赤ん坊を相手にしたら、「空所」だらけで、とりつくしまがない、そこにカウンセリングの「可能空間」はない、というのと同じです。

また、このことを、両者について、次のようにもいうことができます。作者が自分の作品を自分の生んだ子どものように、自作のことは自分が一番知っているという独占的《ドミナント》な態度でいると、なかなか読者、読み手とのあいだに「可能空間」は生まれませんし、かといって、作者の項を全く排除して、テクストはどのようにも読めるということになると、「ナンデモアリ」になってしまってやはり「可能空間」は育ちません。同じく、母親が支配的《ドミナント》すぎて、赤ん坊に話しかけるカウンセラーにすぐに介入し、赤ん坊の自発的な反応が示される余地を奪ってしまうと、カウンセリングに「可能空間」がなくなってしまうし、かといって、母の関与・解釈がそこで無視(neglect)され、赤ん坊の反応だけにカウンセラーが向き合ってしまうと、やはりカウンセリングから「可能空間」は消えてしまいます。読むことにおける「作者」の介入と同じく、カウンセリングにおける「母」の関与は、ドミナントでも、逆に、排除されても、可能空間の消滅をもたらすのです。

読書行為でいえば、そこには、内的世界からのファンタジーの要素(謎・空所)と外的な現実の要素(論理・空所を埋める推理)とが共存していて、読者によるテクスト解釈の恣意性と拘束性のあいだに適度なせめぎあいが生じています。ハレルさんは、たとえば、村上春樹の『海辺のカフカ』の不合理な少年カフカの高松での失神(気がつくとTシャツの内側に血がべっとりとついている)と、東京での父親の殺害の事実のあいだの矛盾のもつ「リアル」さを、そのような枠組みで受けとればどうなるか、と考えているのでした。

これに対し、「〈第三項〉の理論」は、相対主義を克服しようというのですが、そこからは可能空間は生まれません。ですから、それでは不十分です。ここに発見されている「可能空間」という考え方が、テクスト論の難点を超える文学理論の創出において、枢要なカギをなすことが、こう見てくると、おわかりになるかと思います。

しかし、それだけではありません。「可能空間」という考え方は、ここから先、次のようにも私に考えさせます。

8　第三項としての「作者の像(potential author)」

じつは、ここまで、こうは述べてきたものの、厳密にいうと、ウィニコットの「養育中の一対(nursing couple)」としての母子関係と、イーザーの「読むという行為(act of reading)」としての読書行為論とのあいだには、ズレがあります。この二つを、そのまま対応させるのには、少々無理があるのです。両者は完全に対応しているわけではありません。

違いは、次の点です。イーザーの読者とテクストの一対では、その一対性を受けとり、そこから意味を紡ぎ出す主体は読者です。読者は、このときその「読者／テクスト」の一対性の関係の相互主観的な構造の内部にいます。イーザーの読書行為論の基本は、後にそのさわりのくだりを引用するように、「読者＋テクスト」の二者関係なのです。他方、ウィニコットの赤ん坊と母親の nursing couple の一対性で、そこから意味を紡ぎ出す主体は、そのメタレベルに立つカウンセラーです。ウィニコットの「養育中の一対」論の基本は、これに対し、三者関係です。イーザーの読書行為論とウィニコットの「養育中の一対」論は、二者関係か、三者関係か、という点で、重大な違いがあるのです。

では、この二つの理論を照応させるための方法とはどのようなものでしょうか。私には、このイーザーの読者とテクストの二者関係を、三者関係に膨らませると、問題は解決されると思われます。

このことをウィニコットのほうからいえば、こうなります。ここには、母親、赤ん坊の二者関係でなく、カウンセラー、母親、赤ん坊という三者の関係があります。しかも、この三者関係がイーザーの理論に対応するには、カウンセラーとクライアント（母親＋赤ん坊）の関係が、近代的な回答者と相談者という固定した上下関係から、読者とテクストの関係と同じ、相互主観的＝相互尊重的な関係へと変わっている必要があります。そこでは、カウンセラーとクライアントの関係が、相互尊重的なものであることで、〈下位レベルである〉クライアントのなかに、もう一つの可能的な相互尊重的な関係、母親と赤ん坊とからなる〈養育中の一対〉という「可能空間」を作り上げているのです。室内の気圧を低くすると、そこに置かれた風船が膨らみますね。そのように、カウンセラーとクライアントの関係が「高圧」的でなく、いわば「低圧空間」になると、母親と赤ん坊を入れた「養育中の一対」のクライアントの風船が、この三者関係のなかで膨らみ、「可能空間」として作り出されるのです。

ウィニコットは、クライアントとしての赤ん坊というものは存在しない。われわれの前に差し出されるのは、赤ん坊と母親の一対なのだ、というのですが、なぜ彼にそのことが見えたか。そう見ることを彼に可能にしているのは、彼において、カウンセラーとクライアントの関係それ自体が、繊細な気圧の変化に敏感なもの、相互主観的なものとなっているからです。相互主観的なカウンセラーとクライアントの関係が、下位レベルをなすクライアントの位相に、もう一つの相互主観的一対関係の可能態を、〈養育中の一対〉として見出している、また作りだしているわけです。カウンセラーとしてのウィニコットは、この関係性にあって、「第三項」としての「母（赤ん坊の作者）」をいわば可能態として生みだしているのだといえます。

では、それはイーザーの理論では、どうなるでしょうか。イーザーは、読まれないテクストは存在しない、といいます。そして、テクストと読者の関係を「相互主観的な構造」をしているといいます。しかしなぜ読者とテクストが「相互」に「主観をもつもの」の関係になるのでしょうか。そして、テクストは読者との一対一の関係性のなかではじめて「コレシカナイ」性を帯びる、と考えられるのでしょうか。それは、そこにウィニコットにおけるカウンセリングの「第三項」にあたるものが、やはり介入しているからではないのでしょうか。

つまり、ここに読者とテクストの相互主観的な構造が成立しているとは、先ほどの「母」の位置に、いわば作品の作り手としての「作者」が関与している、ということなのではないでしょうか。

イーザーは、その著『行為としての読書』中、「読書の現象学」と題された章に、こう書いていま す。

テクストが読者の意識に転移され翻訳される相互主観的な構造を記述するのが本論の目的だが、ここで第一に問題になるのは、テクスト全体は決して一時にとらえることができないという事実である。この点、テクストは物とは違う。物は一般にその全体を眺めることができるか、少なくとも全体を想定してみることができる。ところが、テクストという〈対象〉は、読書の連続したさまざまな層を通してしか想像することができない。われわれは事物に対しては、その外におり、テクストに対しては、いつもその中にいる。従って、テクストと読者との関係は、事物と観察者との関係とは全く異なる。（W・イーザー、轡田収訳『行為としての読書』岩波書店、一九八二年）

テクストが一対一の関係で、読者と「相互主観的な」関係をもつとは、読者がテクストの「中にいる」ということですが、テクストの「外」ではない「中」にいるとは、どういうことなのか。何が、「外」にいることと「中」にいることの違いなのか。「中」にいるということを、そこから見ると、テクストはいまだ終わらずに私たち読者を包む空間として現れると言い換えることができますが、それはテクストが「作者」によって書かれた空間として現れているということと、じつは同義なのではないでしょうか。テクストが終わらない、終わっていないものとして現れているとは、それがメタレベルに帰属する下位レベルとしてここにあること、それが「書かれたもの」であることを意味しています。つまり、ここに赤ん坊の作者(母)に相当する私の「作者の像」というアイディアを加えると、イーザーの論も、読まれつつあるテクストという相互主観性の弱い気圧をもつ室内に「作者の像＋テクスト」という風船を膨らませる、三者関係を内包する構造のもとにあることがわかると思うのです。

そう考えると、ともに相互主観的なもう一つの項の発見を含むことで、このウィニコットの〈養育中の一対〉理論と、イーザーの読書行為論とが、それぞれ、三者の関係として、ぴたりと対応します。

前者では、カウンセラーが、クライアントに未知のもう一つの一対性を見出しています。そしてその関係が、いわば重層的な三項関係(カウンセラー／母親／赤ん坊)となっています。そして後者では、読者とテクストの関係が、読書行為という読者とテクストの関係を基礎に、読者と想像上の作者のあいだに相互主観的な関係を作り出します。そしてそこから「作者の像」なるものを作り上げています。そしてそこでも、関係が、重層的な三項関係となっているのです(読者／作者の像／テクスト)。

つまり、私の考えでは、ウィニコットの母子関係は、一次方程式の「母―赤ん坊」関係としてではなく、二次方程式の「カウンセラー―クライアント(母―赤ん坊)」関係として、考えられた方がよいし、イーザーの読書行為論も、一次方程式の「読者―作品」の相互主観的な構造としてだけではなく、二次方程式の「読者―作品(作者の像―テクスト)」の構造で、考えられた方がよいだろう、と思われるのです。

すなわち、後者で、読者は現実の作者に意図を聞くのではありません。しかし、テクストという〈現れ〉を通じ、自分の想定する「作者の像」を思い浮かべ、それがどう考えたのか、と読書行為の相互主観性のうちで考えます。同じく、前者で、カウンセラーは、赤ん坊に直接考えていることを聞くわけにはいきません。しかし、カウンセラーとクライアント母子の関係性のなかで、母の関与・助言を参考にしつつ、この赤ん坊はこう感じているはずだ、という確信の像を、母親との関係に置かれた赤ん坊の〈現れ〉を通じ、受けとるのです。

そう考えれば、ここで作者の像(potential author あるいは imagined author)と、赤ん坊の内面像(potential baby あるいは imagined baby)は、三者関係のなかで相互主観的な構造のもと、思い浮かべられたものとして、対応しています。そして、両者の関係は、三者関係となり、照合が可能となります。一方、この三者関係で赤ん坊は考究の対象＝モノとしてテクストに対応しています。そして、母と赤ん坊の一対が、作者の像とテクストの一対、すなわち考究の対象＝コトとして、作品に対応しています。逆にいうと、作品というのは「作者の像とテクスト」という可能態としての「養育中の一対(nursing couple)」として存在しているのです。

私の「作者の像」は、英語にすれば、ベネディクト・アンダーソンの「想像の共同体(imagined community)」に倣い、「作者の像(imagined author)」となるだろうと私はこれまで考えてきました。しかし、今後は、このウィニコット、イーザーという参照項を獲得することで、ウィニコットのpotential space理論に基礎づけられた「作者の像」すなわち「可能態としての作者(potential author)」としても、これを定義できそうです。

ですから、ここで「〈第三項〉の理論」にもう一度戻れば、私が、この理論に対して思うのは、それが——「われわれは事物に対しては、その外におり、テクストに対しては、いつもその中にいる」という——イーザーのもっともな注意を、やはり逸脱しているだろうということです。「〈第三項〉の理論」について、受け入れが可能なのは、「客体の文章が読書行為によって「テクスト」という現象に化すその瞬間、「客体の文章」は、読み手に現象している文脈=〈本文〉に変わる」というところまでであって、その変容が可能なのは、そこに物自体としての〈原文〉という第三項があるからだ、というこの先の部分は、逸脱になります。この引用部分は、前回の大会である発表者が肯定的にこの理論について説明した前出の論考(大谷哲「文学研究の「八〇年代問題」と〈読み〉のグランドセオリー」)にある言葉です。しかし、この前半部分だけを足場に、〈原文〉なしに、そこから「コレシカナイ」性の出てくる所以を説明することは、可能です。イーザーの読書行為論、ウィニコットの「養育中の一対」の理論は、そのことを示すものでもあるのです。

9　終わりに

この年次大会の主題は、「〈第三項〉と〈語り〉――ポスト・ポストモダンと文学教育の課題」です。最後に、文学理論一般について、私の考えを述べて、終わりたいと思います。

この文学理論について私はあまり多くを知りません。しかし、もし、理論として、「〈第三項〉の理論」が日本文学協会の外にはなかなか広まっていないとすれば、その理由は、私がここに呈したのと同じ疑問を、外部のふつうの文学理論家たちの多くが、抱いているからでしょう。それへの答えが、この理論の提唱者たちから、説得力ある形では返ってこない現状があるからだと思います。

とはいえ、私はここでこうした理論上の疑問を声高に主張しようというのではありません。また、その疑問へのお答えをいただきたいのでもありません。理論には、実践に奉仕するという別種の価値も期待されています。私はこの理論の適用例、実践例などを知りません。以上述べたことはこの理論に関する理論的説明をざっと読んで、さらに自分の場合と照らし合わせて考えた感想にすぎません。それを信奉する方々は、自分の国語教師としての現場体験に鑑みて、その不都合な点は頭におきつつも、不便がなければ、それで構わないだろうとも、考えます。

しかし、ただ一つ、その実践への適用において、申し上げたいことがあります。それは、この理論が、実践上、〈正解を産みだす〉理論として、用いられているかに見えるという点です。

私は、文学の本質は、「正解なし」ということだと思っています。もう少しいうと、「正解」の複数性にあると思っています。そして、先に申し上げたように、文学批評とは、そこから、そのつど「正解」を浮かびあがらせ、互いに意見をぶつけあい、到達不能のまま、これを次代に引きつぐ作業だと考えています。そしてそうしたことが文学の歓びであることが、また文学を生かしている力の根源だと思っています。ですから、文学の教育の中心は、授業にある。理論は、あくまでそれを補助するものにすぎない。文学理論というなら、理論に支えられる授業の実践ではなく、授業の実践のなかから生まれる理論の構築こそ、いま私たちには求められているのではないかと思うのです。

しかし、それよりも大事なのが、ただの授業です。

ですから、たとえば、こういう国語教師の研究の会合で、一番大切なのは、理論の有効性を考えることもそうでしょうが、どうすれば、理論を手放して、徒手空拳で国語教育のなかに投身できるかを考えることなのではないでしょうか。つまり、そこで必要な修練とは、どのようなものか、そこでの技能は、どのようなもので、それは、どのように習得されうるか、というようなことこそが、考えられるべきではないでしょうか。そういうことが、話し合われればいい。私は、そのことを夢想するのです。

なぜなら、正解ないまま、人の考えに自分の考えを対置し、相手を刺激し、また自分も刺激を受けとることは、一つの技能の領域をもっており、それは、習得可能だからです。

私は、あくまで、国語教育の基本は、教室での学生、生徒とのやりとりであり、何が、そこから学生、生徒に伝えられるのかが、つねに国語教育者の念頭になければダメだろうと思うのです。

私は、何の修練も積まずに、この年まで、四半世紀、大学の授業の場で学生と「小説」を読んできました。学会には、何ら属さないままに、やってきました。人には勧めませんが、そのことを後悔したことはありません。そこで得たものを、いまの若い、国語教師の皆さんにお伝えしたい。以上のことを私は、自分も一介の国語教師であるという立場から、申しあげました。

（二〇一二年一二月一日、日本文学協会第六七回講演予稿、これに加筆修正を行った。）

世界をわからないものに育てること——伝記という方法

1

半年前に亡くなった鶴見俊輔さんについて、科学史家の山田慶兒さんが、面白いことを言っている。鶴見さんは、哲学を「全人的(全人格の総合的な)行為の表現」としてとらえていた。「もっと言うと、「そもそも哲学は学ではない」というのが鶴見さんの立場です。哲学を「学」と呼んだのがそもそも間違いで、論文というものは哲学にはない、と。哲学の文章は、随想とか感想と呼ぶべきだというのが鶴見さんの考えでした」。

そのような考えから、哲学を「どのように探究し、表現すればよいのか?」と考え抜いたすえに、鶴見がたどりついたのが、「伝記」という表現形式だった、と山田さんは言っている。

一見、大胆な見解だが、この説が、山田さん自身、だいぶ時間をかけて考えた末の結論なのだろうということが、以下の背景から想像できる。山田さんが最初に鶴見さんの書くものに立ち止まったのは、哲学的な文章ではなかった。詩だった。学生のときにある雑誌でたまたま読んだ詩で、タイトルは、「らくだの葬式」。まずはじめに詩人としてその名に接し、その後、大学を出てから、この書き手が「有名な哲学者」だということを知ってその『哲学論』を読んだ。しかし、と山田さんは書いている。「ぴんときませんでした」。

やがて、研究や執筆の関係から実際につきあいが生じるようになり、その人となりを知る。だから、と書かれているわけではないが、そんな交渉の果て、最終的に山田さんに訪れた了解の形が、たぶん、こういうものだったのだろう。すなわち、

鶴見さんには、伝記の著作が一〇点くらいありますね。それ以外に、ほかの著作に入っている短い伝記も書いておられる。それはやはり、伝記を哲学にふさわしい表現手段と考えていたからこそだと思います。

（「追悼　鶴見俊輔「人間の発見者」が紡いだ哲学の形。」『潮』二〇一五年一一月号）

2

この発言に、対談相手の黒川創さんが、ほぼ賛同し、十代時、米国のハーバード大学入学に際し、当時の鶴見さんの相談相手で、以後、生涯の師となる都留重人さんが、「哲学とは、独立した学問というより、人生の端々の感想として湧き上がってくるものだろう」と話し、「哲学」を専攻しようとした鶴見さんに、反対したという挿話をあげている。これまでにあまり指摘されてこなかっただけに、意外だが、含蓄ある指摘だと私は受けとった。

さて、以上は、枕である。

同じようなことが、たとえば、宗教の思想についても言えるのではないだろうか。

そう、私は本誌『法然思想』の創刊準備号、創刊号を読んで感じた。

私は法然に関してはほぼ完全な門外漢であり、宗教に関しても素人である。しかし、本誌主宰の佐々木正さんによると、法然は平家物語に登場する名高い武士とも深く関わり、彼自身が平家物語に登場する。そしてその教えの展開の核心は、どうも「四十八巻伝」という「法然上人行状絵図」、つまりその伝記の記述のうちに、ひそんでいるらしい。

二五年ほど前に、『法然の衝撃――日本仏教のラディカル』を書いた阿満利麿さんからいわば面授の形で、法然、親鸞について教えを受けたことがある。いま考えれば、もったいない話である。ありがたかった。その骨格は、いまでも覚えているが、法然が、革命的であるのは、二点。第一に、外の偉い僧たちとは異なり、中国への留学によって新しい洞察をもたらすというのではない、別の仕方で、その洞察に達した。第二に、日本にあって数百年も昔の中国の浄土教家の仏書に深く沈潜したが、その独自の探求を通じて、その大海から一点、阿弥陀仏の第十八番目の願いを取り出した。そこを中心に法然はこれまでの仏教の教えを全面的に「再編成」し、一大革新を実現した、と阿満さんは、その著作で、何遍か強調している。阿弥陀仏は、何と願をかけたか。いま私の身体に残っていることばでいうと、「すべての衆生が浄土にいけるようになるまでは、自分は浄土にいきません」。そう言った。

その結果、どういうことが起こったか、ということが、伝記の形で、平家物語に、また、「四十八巻伝」というものに、書かれている。

そして、書かれているそのできごと(伝記的事実)のなかに浮かび上がる、人となり、言行が、それにふれると、再び、瞬時に、私の関心をかき立てる。そこから、その力、伝記の力とは何なのだろう、という問いが、浮かんでくるのである。

たとえば、名高い、次のような、一連の挿話の連関。

一つ。ある日、熊谷次郎直実は、息子直家とともに源義経に従い、一ノ谷の合戦に臨む。先陣を争ったあげく平家方に囲まれ、危機に瀕するが、ようやくこれを脱すると、平家の公達らしき騎乗の若武者が一人、波際を逃げようとしている。これを呼び止めて一騎打ちを挑み、打ちかかり、相手を馬から落とし、首を取ろうとする。と、相手は息子くらいの年齢の年少者だった。首を取ったあとに、それが平敦盛だったことを知る。行年一七歳。(『平家物語』)

二つ。その後、領地の争闘で、直実は頼朝の前で弁論を展開できず、突然、憤激して髻を切り、逐電してしまう。(『吾妻鏡』)

三つ。それからほどなく、出家した直実は法然上人の噂を聞き、関東から京都に現れる。自分のようなものが救われるにはどうすればよいか教えを請いたいと取り次ぎを頼むが、待っているあいだ、刀を研ぎ始める。自分のような悪行を重ねてきた人間が救われるには、手足の一、二本、あるいは切腹くらいはしなければならないと言われることを考えてのことだった。これに出てきた法然が、そういうことは関係がない、南無阿弥陀仏と唱えさえすれば、往生できる。別に子細はない、と答える。原文は、「罪の軽重をいはず。ただ念仏だにも申せば往生するなり、別の様なし」。これを聞いて、直実は泣く。(「四十八巻伝」)

四つ。その後、法然の門に入り、蓮生房を名乗るようになった直実が、あるとき、師の供として九条兼実邸に行く。身分が低いため、庭先に控える直実の耳には、室内の法然の声が聞こえない。直実はやがて苛立ち、「ああ、この世ほど口惜しいところはない。極楽にはこんな差別はあるまいものを。ここではありがたい上人様のお声が聞こえぬぞ」と怒鳴る。(「法然上人絵伝」)

この話を紹介する創刊準備号の本郷和人さんは、このところの原文として、「哀れ、穢土ほどに口惜しき所あらじ、極楽には斯かる差別はあるまじきものを」を、直実の言葉として、引いている(「易しい教えと優しい政治」『法然思想』創刊準備号)。

3

伝記の力とはどのようなものか。

これらの伝記的事実の記述からわかることが、いくつかありそうである。

まず、言葉が原文として引かれていると、できごとがリアルに感じられる。原文とはいえ、その原文自体、すでに伝聞に基づき、それぞれの文献の著者が書いたものである。そもそもが事実としての話された言葉ではない。では、右の例で言えば、その現代文で記した説明の個所と、それぞれ法然上人の言葉として伝わる「罪の軽重をいはず。ただ念仏だにも申せば往生するなり、別の様なし」、および、直実＝蓮生房の言葉として伝わる「哀れ、穢土ほどに口惜しき所あらじ、極楽には斯かる差別はあるまじきものを」の違いは、何だろう。私の考えでは、そこに「説明の余地」があるところが、違いの出所である。われわれこれを読むものと、原文のあいだに、現代文による説明文にくらべると、より大きな距りがある。そしてその距りに、「説明の余地」が生じている。

つまり、そこに示された行為、言葉と、それを受けとるわれわれのあいだに、断絶、隔絶があり、よくわからない部分が残ることが、じつは伝記の力らしいのである。

熊谷直実＝蓮生房については、名高い歌舞伎の「一谷嫩軍記」をはじめとしてさまざまな伝記、物語、一代記の類いが後世にある。私は、その多くを読んでいない。読んでいないが、一つの予想をもっている。それらを読むと、いま右にあげた直実の四つの事実の連関が、結びつけられている。説明されている。因果関係でつながっているのではないだろうか。たとえば、直実は敦盛の首を取った、そして無常を感じた、そのことが遠因となって、頼朝の面前での争闘の裁判劇の場で、癇癪を起こした際に髻を切り落とす挙に出て逐電し、出家した、やがて法然の評判を聞き、引き寄せられ、その人格と本願念仏の教えにふれて感激し、法然の弟子になった、というように。

そうだとして、たぶん、そのことにさしたる間違いはないのだろう。しかし、そうだとしたら、それはどこにもある話である。たとえすぐに例があがらないでも、そういう話は、合理的であり、論理的である以上、つねにありうる。そこにはもうそういう事実でなければならない、という事実に固有の「わからなさ」は消えている。だから、そうではなく、この事実間の連関を、どう事実そのままに放り出すか、どう説明したい欲望をおしとどめるか、ということのうちに、たぶん、事実が私たちを動かす力は、ひそむのである。

熊谷直実の話が私を動かすのは、彼が、平敦盛の首を取ったということ。その平敦盛がそのとき、彼の子供とほぼ同じ年齢であったこと。そのことが、どうも彼を震撼させたらしいということだ。その震撼の内容がどんなものであったかを、知ろうとは思わない。

また、彼が法然の前に出たときに、もし法然に手を切断しろ、といわれたら、切断しようとまで、思い詰めたこと。そのため、罪に軽重なし、念仏のみで、「別の様なし」と言われたとき、涙がほとばしったという事実だ。その単純さが、手軽に理解=納得するなよ、と私に言うのである。

4

佐々木さんが創刊準備号、創刊号で取り上げている津戸三郎の話にも、そのような「伝記」の断絶、間隙、余白があるのではないだろうか。

それは、創刊準備号での「なぜ「法然思想」なのか——創刊の目的・対話編」によれば、こういう話である。

直実の入門から二年して、今度は頼朝の京都上洛に随行した武士の津戸三郎が法然の門を敲く。そして、法然の本願念仏の教えに接し、帰依し、鎌倉に戻る。

するとほどなくして次のような流言を耳にする。「熊谷や津戸は無智の者だから、法然上人は、誰もができる(易行の)念仏を勧めたのだ。熊谷や津戸に知恵や学問があれば、法然上人はもっと困難な(難行の)、すぐれた方法を教えたはずである」。この流言に津戸は、激しく動揺することになった。

（佐々木正「なぜ「法然思想」なのか——創刊の目的・対話編」）

この動揺を、津戸はそのまま法然にぶつけた。そしてこの「津戸の投げかけた疑問」に法然は「驚愕した」。しかし、法然は「その難関を突破する道を、すぐに見いだした。それが法然自身が自分を「愚痴の法然房・十悪の法然房」と自称することだった」。佐々木さんの答えは、そう続いている。

しかし、私は、ここのところ、展開が何より、伝記としては理に落ちていると感じる。もしその通りなら、法然は、魅力的でない。

津戸は、その流言を聞いて、動揺しただろう。でもその動揺は、この流言がいうように法然上人は、自分ら悪行を積んだ無智な武士の信徒を軽く見ているのか、そのための易行なのだろうか、という単純な疑心暗鬼、法然に対する疑念から、いや、そんなはずがない、誰もが救われなければならないという希求が普遍性をもっているという法然上人の確信から、この本願念仏の教えは出てきているはずである、こんな流言に動揺するのは、自分の信心が弱いからだ、という自分への疑念まで、大きな幅をもったはずである。そして当然、法然の側にも、これと同様、私たちのあずかり知らない思いはあったと考えられる。それは簡単な「驚愕」ではなかったに違いない。津戸の疑問は、すでに法然のなかにあったかもしれない。

疑念をもった訪問者に対する宗教人の対応として、私のなかで尽きせぬ「わからなさ」の源泉の魅力をたたえているのは、ドストエフスキーの『悪霊』で、スタヴローギンが高僧として名高いチーホン師を訪れる場面である。スタヴローギンは、きっとチーホンという「高僧」もいかにもらしい宗教者的偽者の類いなのだろうと考え、会いに行く。しかし、対応するチーホンは、スタヴローギンの予想を裏切り、「おどおどした」対応を見せる。スタヴローギンは、その全く予想外の対応をする宗教人に出会い、面くらい、チーホンは本物らしい、と感じて、早々に退散するのである。

5

私はこれを旅先で記している。いずれの話についても細部をたしかめるすべはない。しかし、それでもかまわないと思い、書き続けている。細部には間違いがあるかもしれないが、私は、たとえば後者、スタヴローギンとチーホンの対面の場面を読んだとき、信と不信のあいだの懸隔の深さが、これほどくっきりと描かれた話ははじめてだ、と感じた。その展開の意外さに驚き、人間に対する見方の幅を拡張された。

なぜ、法然が、従来型の「善人往生」から、悪人でなければ往生できないとの「悪人正機説」へと転換するのか、なぜこの津戸の疑念に出会って法然の「決定的ターニングポイント」が生まれるのか。これを何より、「伝記」から説明しようとするなら、「伝記」との対面の深さが必要となる。なぜ、法然は無智な津戸の疑念に「驚愕」するのか。そのとき、法然は、「おどおど」としたのか。そうではないのか。そういう、場面——つまらないところで、私の足は止まる。

以前、私は、一度だけ、仏教について語ったことがある。それは、前記の阿満さんに連れられていった浄土真宗の妙好人因幡の源左の故郷である鳥取市山根のお寺で、親鸞の『歎異抄』を読んでの感想をお話させてもらったときのことである。一九九一年夏のことだ。そこで、こう述べた。もしやりとりのなかで、「善人なほもて往生をとぐ、いはんや悪人をや」などといわれたら、だれでも、そこで立ち止まる、そして、そんなことってあるだろうか、と「わからなくなる」はずである。しかし、その「わからなくなる」が、文章になると、見えなくなる。その一瞬の立ち止まり、「わからなくなる」が消えてしまう、と。

そして、生まれた驚きに立ち止まり、世界をわからないものに育てる、そういう時間をつくりあげることが、大事だと、話した。私はもう、忘れているのだが(「『歎異抄』の中の言葉」)。

「世界をわからないものに育てること」。

それが、「伝記」が私たちに示唆する、考え方の方法ではないだろうか。

(『法然思想』二号、二〇一六年二月)

3．時代の変わり目の指標

螢、ヒカラズ。涙、ナガレズ。——日向寺太郎監督『火垂るの墓』

かれこれ一五年くらい前から私はひどく涙もろい人間である。昔、テレビでアニメ漫画『小公女』だったかを見ていて、大いに涙を流し一緒に見ていた子どもにあきれられたことがある。

そういう私が日向寺太郎という一九六五年生まれの監督のこの映画を二度見て、二度とも涙を流さなかった。深く心を動かされた。が、涙はこぼれない。

冒頭、CG画像処理をほどこしたのだろう「美しい」とすらいえる神戸大空襲の高々度からの画像が現れる。また最後、力尽きようとする主人公のセイタが土砂降りの雨のなか、道を歩くが、不思議なことにそこには背後から(まるで天気雨ででもあるかのように)人工光が注いでいて、土砂降りの暗がりの足元に、影がうまれる。

この「アメリカ(式)の夜」の批評的再活用ともいえる映画の身振りに、日向寺の透徹し、深い、自己批評がかいま見られる。そこから見えるのは、この哀切きわまりない戦争体験を描く作品で、戦争を知らない自分が観客を「泣かせ」ようとするとしたら、それはあまりに傲慢でもあれば、失礼でもあろう、という清潔な自己認識である。

誰への?

ここで、清潔さとは、戦争の悲惨さを、語り、描くことのうちに、「それに比べて現在のこの堕落ぶりは、あるいはこの飽食ぶりは……」といった対抗的「正義」の身ぶり、ルサンチマンの身ぶりが、塵ひとつ分も、含まれていないことを指している。それは、祈りの深さのうちに、そういう身ぶりを思いとどまらせるもののあること、また、この種の対抗的「正義」がそのままでは弱いことを、私たちに教える。

この映画を見て私はロベルト・ベニーニの『ライフ・イズ・ビューティフル』と鈴木清順の『けんかえれじい』を思い出した。これらには共通して、明るさのきわめて批評的なはたらきが見られる。『ライフ・イズ・ビューティフル』は前大戦下、ユダヤ人家族の収容所体験の話だが、その過酷なできごとを戦後、映画で描くことなどできないことを監督が知悉していたため、そこでの収容所生活は不思議にリアルさを欠いた、明るいものになった。『けんかえれじい』でも最後、ヒロインが冬の戸外で軍列に蹴倒されるシーンで映画はふいに、舞台の書き割りじみた人工性のもとに置かれる。美しいということ、明るいということ、作り物めいているということが、ここでは、一つの、痛切な自己批評の表れなのである。

この作品世界に現在と過去との双方向から投げ込まれた他者とおぼしい、戦争忌避の学生と、人情豊かな校長。その校長の一家が無理心中したあと、セイタはどじょうすくいの踊りを自演する。作るものと観る者とから等距離に遠い、この安来節、また戦時童謡「めんこい仔馬」がすばらしい。これらをはじめとする、音楽(“Castle In The Air”)のこの映画への助力の深さには瞠目させられる。作中の白眉ともいえる節子の死の場面は、画面に現れず。溶暗。声だけ。螢、ヒカラズ。涙、ナガレズ。代わりに画面一杯に空も割れよと蟬が鳴く。人は泣かず、蟬が鳴いている。

はじめの名前はフサコ、その後、コータロー、クラノスケ……　それら一匹（？）ずつの螢に名前がつき、墓標ができる。その木っ端の「火垂るの墓」の群れをカメラが追うシーンは、秀逸である。いま、戦後からすら遠く離れて、戦争を語ることはどのように可能だろうか。六〇年代生まれの人からまったく新しい、日本の文化的な国境を越える、戦争の「受けとり方」を教えられた。この映画なら、いまの外国の若者にも通用するだろう。傑作。この文章を書かせてもらうことを光栄に思う。

（日向寺太郎監督『火垂るの墓』パンフレット、岩波ホール、二〇〇八年）

空腹と未来——山田太一『昭和を生きて来た』

ある頃から、自分がいくつなのかを自分でわかっていないということを思い知らされる機会が多くなった。たぶん六〇歳を過ぎたあたりからだ。

そのため、自分の年齢を何かの折りに意識させられると（私はいま六七歳である）、えっと驚き、自分をにわか仕立てのマトリョーシカ人形になったように感じる。外から見ればいまやホンモノの老人なのだが、その内側は、いつの頃からかこの世から「蒸発」した人間、世間的な行方不明者となってしまっている。表側と裏側と、自分が二人に剝離している。自分の内奥に、年齢不詳のうさんくさい人間——文字通りの「居場所《ホーム》」をもたない人間——が住まうようになっているのである。

まあ、これは少し大げさな言い方だし、それに丁寧な言い方ともいえない。あるときから自分のなかでの「自己認識」と社会的な「認証」とのあいだに大きな齟齬が生まれるようになった、自分がうまく年齢どおりの「立派な老人」になりおおせてくれない、とでも言わないと、わかってもらえないだろう。しかし、そう言いたくないのは、ここのところがちょっと微妙だが、「ま、どうでもいいか」（と声がする）。面倒だ、わかってもらうまでもない、という気分が、横着にも——というべきなのだろう——、腰を下ろして、動かないのである。

とここまでが、このエッセイ・コレクションの書き手との出会いを語るための枕である。

私はこの本の書き手、山田太一のだいぶ遅くなってからの読者である。一九八〇年代くらいまではテレビはあまり見なかったので、「男たちの旅路」も「岸辺のアルバム」も「ふぞろいの林檎たち」も知らない。山本周五郎賞受賞作の小説『異人たちとの夏』も読んでいない(大林宣彦監督の映画は偶然見たが)。一昨年(二〇一四年)、小林秀雄賞を受賞したほぼ書き手の七〇代を覆う最近九年間に書き継がれた連載エッセイを集めた『月日の残像』を読んで、はじめて、自分のすぐ近くに、こういう下り坂の気分に合う、気むずかしい、しかも気むずかしさを目立たないように丁寧に身体に畳み込んだただならぬ書き手が佇んでいることを知った。

その切れ味がなまなかでない。目にもとまらぬ早業《はやわざ》、という言葉があるが、サイレンサーで一撃を受け、身体に風穴があく。それからしばらくすると、体内にひっそりと外からの光が降りてくる。──数歩歩いて、ややあって倒れる、そういう快い全身的な読後感が、読んでいるうちに身体を満たした。

この年になって新しく人を知ることのよろこび、というものがある、と私はいま感じている。そうした発見は劇も終幕近くになってはじめて登場する俳優のように、周囲になじまず、浮いており、場違いだが、新鮮な味わいがある。そこには、もっと早く知ってもよかったのに、なぜこの年になるまで自分はこの書き手を知らなかったのだろう、という驚きがある。そこに悔いがまじっていないはずはないだろうに、不思議なことに、いま出会ったよろこびがまさっている。山田太一といえば一昨年は朝日賞を受賞している。エライ人なのだが、そういうことは頭にこない。こちらとしては勝手に、ひそかに、そのエッセイにふれて旧友に会うような懐かしさを覚え、そういえば自分にはこの年になって、友人はもう一人、二人しか残っていないナ、と思ったりするのである。

まず、解説者の役目をまっとうしよう。

この本は、一九七〇年代から九〇年代までに書かれた山田太一のエッセイの傑作選として企画された文庫版の三部作コレクションの三冊目だ。戦後の日本、日本人、社会の変化にふれて書かれた諸編（一部私的なことがらへの言及をも含む）を収録している。ちなみに、これに先立つ二冊は、同じ時期に書かれたもののうち、人間というものの不思議全般に及ぶ人生の機微にふれたエッセイ（一冊目の『その時あの時の今――私記『S先生の言葉』）、山田の手がけたテレビドラマに関するエッセイ（二冊目のテレビドラマ50年』）を、それぞれにまとめたものという。私としては他の二冊も読んでみたいが、この解説の仕事があるので、いまは禁欲する。

本書のエッセイは、六つに分かれている。おおよその見当でいうと、Ⅰには一九七〇年代以降、九〇年代あたりまでの日本社会の変化への反応が記されている。読み応えのあるエッセイが、多い。かつての私のように初読の読者は、はじめに置かれた数編を読むだけで、どうもこのエッセイは、あるいはエッセイの書き手は、ちょっと違っているゾ、と思うことになろう。たとえば、冒頭の一編。「明るい話を書きたい」とはじめて、要は随筆欄に暗い話もないだろうと「気を回したのである」と書く。そういうエッセイはある。しかしさらにこれを「一種の礼儀といってもいい」と続ける書き手は、あまりいない。この最後の一文を書き手は、どんな顔をして書いているのだろう、と思うと、その表情はニュートラル（＝無表情）である。そこには何か、エッセイになじまない空白が感じられる（「明るい話」）。Ⅱではテレビの仕事などを通じて世間を渡るうちに書き手、山田に浮かんできたきれぎれの思いが、後日の丁寧な思考で反省されている。一日の労苦に引っ張られ、皺寄《しわよ》ったワイシャツが、深夜、霧を吹かれ、アイロンを当てられ、丁寧に畳まれているのだが、ここにも私などにはつい、目のとまる記述がある。たとえば、こんな一編。山田は戦時中、米(闇米)の買い出しをして警官に助けられた。見つかればすべて没収される。その取り調べの列で傍の警官が少年の彼と姉とに「逃げろ」と言ったというのである。そのときのありがたさは格別で、その後、彼は、仕事なり組織なり法律なりに関わるときには、「多少ともそこからはみ出さない奴は駄目だ」と思うようになる。組織に属する人を見ると、この人は「はみ出す」人かそうでないかという目で見る。そして後年、この感慨は、戦場にいる「万年二等兵」めいたおちぶれた年長の兵隊の「曖昧な感情」が自分にとって「安らぎの場だった」という、鶴見俊輔の言葉に合流する。しかし、それで、このエッセイは終わらない。というのも、考えてみれば自分を逃がした警官は「曖昧」どころではなかった。逆にはっきりしていたからだ。しかし、その挙動は、これを黙認して「曖昧に」見逃した同僚の存在なしにはありえなかったのではないだろうか……。彼の思考は、いわば彼の手を離れた後も、――エッセイの境界を越え――ブリキの兵士のように動きを止めず、遠くまで歩むのである(「組織の中で働くということ」)。

こうして、Ⅲには生まれ育った二つの町である浅草と湯河原にふれた感慨が、Ⅳには社会のなかの家族と夫、妻、男と女といった問題の周辺が、Ⅴにはテレビドラマの脚本の仕事をめぐる小話、エピソードが、そしてⅥには、テレビドラマ、脚本制作の背景をなす著者の社会観、またそこにまつわる常識への疑いが、やや詳しく、述べられる。

後段に進むにつれ、自作のテレビドラマの背景の社会変化にまつわる鋭敏な社会批評なども展開され、山田の作品に通じていればもっと深く味わえるのだろうと思われる記述も数を増す。しかし、そういうこちらの側の不案内を計算に入れても、明らかに、ほかのエッセイとは違う。

一昨年、右の『月日の残像』への小林秀雄賞の授賞式の際、選考委員の一員として、私はそのことについてこう述べた。

——山田さんはあとがきにご自分のエッセイを全部で「三五本」ではなく「三五作」と書いています。その通り、内容が日本で言う随筆のようではない。一つの作品として読めます。一見おだやかな表情を浮かべているが、語られていることは辛辣、苛酷で、そこにはきわめて私的な感情がみなぎっている。そしてそれを自他に公平であろうとする気組みが、圧伏している。そこから、山田さんのエッセイに独特の佶屈感、力感が生まれてきます。いってみるなら、早朝、極寒の路上に出たときのように、読んでいると靴の下から霜柱のつぶれる音が聞こえる。そして読後に、小骨が残る。「よかった、でもよかったというだけでは話がすまない、という感じが残るのです。」

こうした山田の独特なエッセイの味わいは、どこからくるのか。

一つに、彼がテレビドラマの脚本家という新奇な職業の先駆者、第一人者でありながら、それにいつまでも慣れることができない、なじめない人だということがある。テレビというのは何しろ派手な世間である。山田は、光のどぎついところが苦手だ、いやだ、という気持ちを頑迷に保ちながら、その一方で、テレビや映画という、きわどい場所に身を置き続ける。そこに、彼のエッセイが、そのときそのときの時代の突端で、それ自体光の輝かしさを受けながらなお、うす暗がりへの、過ぎ去ったものへの好みに偏するという、屈折しつつも強烈な味わいをもつ文章となりえていることの秘密の一端は、あるように思う。

もう一つは、世智と批評の混淆。世間知のトゲが、彼の文学的感性、批評的な感覚をいわば大根のように「すりおろす」。その一方で、硬質な批評性が彼の世間知の働きをある種の「ういういしい」ためらいのようなものに変える。たとえば、「浅草」と題する一編がある。そこで生地である浅草の食堂で耳にした地方出身の若い男女のやりとりから感じられたものを、彼は「平凡で陳腐な会話の切実さ」と評する。「愛情」だの「心」だの「恩」だのという言葉がまじっている。そんなやりとりは、いまどき、浅草以外の場所でならさぞかし間が抜けて聞こえるだろう。だが、浅草でなら通用する。「それはつまり浅草がさびれてしまったということではないか、といわれるかもしれない。そういってもいい。さびれたからこそ、浅草は浅草でいられるのである。」「繁昌している街は、みんな似てしまう。同じデパート、同じ名店街、同じ食堂、同じ本屋、同じ雑踏。そんな流れに抗して浅草でいるためには、さびれる以外に、どんな方法があったのか？」「土地そのものの意志のようなものが、自らをさびれさせているのだという思いがある」。

それは浅草のことだが、山田自身のことでもある。ここで批評は意地と一緒になっている。山田のなかで浅草に生まれた空腹の少年が声をあげているのである。

これらのエッセイから浮かび上がる山田は、総じて、恐竜の絶滅する時代を生き延びる小哺乳類を思わせる。ネズミのような哺乳類の祖先は、夜のなかを絶望的に逃げまどっただろう。腹の底まで響く恐竜のずしん、ずしんという足音が近づくたび、恐怖に歯をかちかちと鳴らしたことだろう。しかしやがて、恐竜の時代が終わり、哺乳類全盛の時代がくると、多くの小哺乳類の子孫は、その恐怖と卑小さの自覚が自らの生きる力、生存本能の根源であったことを忘れてしまう。山田はそうではない。彼が、自分を戦争の記憶を失わない世代の人間と自己規定し、そのような作品を作ろうとし、またエッセイを書くにしても老年の余裕から遠く、つねにこれを一種真剣勝負の場所とみなしてやまないのは、恐竜の絶滅する時代を生き抜いてきた人間の空腹の苦しさとよるべなさを忘れない、真率な未来志向者だからなのだと、私は考えている。

（山田太一『昭和を生きて来た』河出文庫、二〇一六年三月）

ノンフィクションと反抗の不可能性——沢木耕太郎『無名』

1

二年前、ある大学で村上春樹と阿部和重の新作について一回だけの公開講義のようなものを行った。その際、あるマンガを主対象にする必要からパワーポイントを使ったが、その最初のスライドのタイトルが、

「発端としての沢木耕太郎　１９７２年」

というものだった。

なぜ村上春樹の新作『海辺のカフカ』と阿部和重の新作『シンセミア』にふれる講義が沢木耕太郎からはじまるのか。受講者の列に一瞬戸惑いがひろがったが、これについて話そうとすると、長くなる。

一言でいえば、筆者には、沢木耕太郎における父親と子どもの関係が、いわゆる子が親に反抗し、やがて和解するといった、近代の「父と子」のそれとはまったく違ったものであることが、何とも印象深く、発端的にも、先駆的にも、思われたのである。

この感想の起点に、本書『無名』を読み、小説『血の味』完成に通じる沢木の自己洞察にふれた、

という身にこたえる経験があった。

筆者は沢木耕太郎のよい読者ではない。世評高いいくつかのノンフィクション作品には何かのおりに目をとおし、なるほど面白い、すぐれているとは思ったが、自分との接点はないと感じた。一般読者として彼の世界に入り、その作品にほどほどに感心しつつ、一般読者としてそこを立ち去ってきた。その事情が変わったのは、右の公開講義に先立ち、その半年ほど前、ある偶然から彼の初期作品『敗れざる者たち』をその当時勤めていた大学のゼミで、学生たちと読んでからのことである。それは、実に久方ぶりの再読だったが、そこに、このあとふれるくだりがあった。二十数年ほど前読んだときには、見過ごしていたのである。

『敗れざる者たち』は、沢木にとって二冊目の著書で、一九七六年に上梓されている。しかし、そこに収録されているイシノヒカル、カシアス内藤、榎本喜八、円谷幸吉らをめぐる一連のスポーツ・ノンフィクション・エッセイが書きはじめられるのは、早くも一九七二年のことで、これとは別に、最初の著書『若き実力者たち』は一九七三年に刊行されている。本書にもあるように、一九七〇年に「書くという仕事を始めて」から三年目、沢木二五歳のときのことである。

ところで、筆者は長年、この年代にあってなぜ沢木だけが力ある書き手のなかで、一九七〇年代前半という時期にもう第一線で仕事ができていたのか、よくわからないなという気持ちをもってきた。この疑問というか不審の念には説明が必要だろう。まず、沢木だけがというのは正確ではない。もう一人の例外者は中上健次である。しかし中上の場合は、羽田空港での肉体労働に従事していたという来歴にもかかわらず、その書くものからそのいち早い登場の事情には不明なものは感じられなかった。

考えてみれば奇妙だが、フィクションをこととする中上よりも、ノンフィクションをこととする沢木のほうが、自分のことを語っていない。不透明なまま、書き手としての新しさが際だっていた。彼の書くものには同時代性を刻印されていてなお、そこから離れているという印象が強かったのである。それはどこから来るのか。

また、筆者は一九四八年生まれで、一九四七年生まれの沢木とほぼ同年代に属する。この年代の人間にとって、一九七二年二月の連合赤軍事件がどのくらいの衝撃だったのかを、ショックを受けた当事者の一人としてよく知っている。そのような者の目に、七〇年代をほぼ沈黙のうちに過ごし、一九八〇年前後に作品を発表するようになる村上春樹や高橋源一郎のあり方は痛いようにわかるが、一九七二年という年にすでに上記のスポーツ・ノンフィクションの世界に飛び込むことのできた沢木には、なぜそのようなことが可能だったのか、不明なものがつきまとう。わからない、接点がないというのはそのことである。

それがほぼ、右にいう、そのくだりを読んで氷解した。

『敗れざる者たち』の掉尾を飾るのは「ドランカー〈酔いどれ〉」で、プロボクシング・元世界ジュニア・ミドル級チャンピオン輪島功一の柳済斗との闘いを描いている。輪島が奇跡のカムバックを行う両者の世界タイトルマッチの直前、極限的な減量のさなか、ある日、取材中の沢木は輪島に誘われて六本木のレストランにつきあう。そこでこんなやりとりがかわされる。衰えきった身体で三時間もかけて食べ物を口に運ぶ輪島が、こんなに上等な肉が口に入らない、「人間ってほんとに勝手だなと思うよ」「昔だったら涙を流して喰ったたね」というのに、

《本当に人間って勝手ですね》とぼくも頷いた。小さい頃、塩をかけただけの白米がいいようもなく美味しかった記憶がある。無理な借金をかかえて、ぼくの家では工員の父親の僅かな給料では普通の生活ができなかったようだ。給料日が過ぎるとオカズが増えるかわりに麦飯になる。ところが給料日間際になると麦を買う金さえなくなる。仕方なく白米だけの御飯になるのだ。もちろん、オカズは塩だけ。だが、子供心にはそちらの方がはるかに豪華で美味しかったのだ。
《君は塩か。俺は砂糖だ》と輪島がはにかむような笑いを浮かべていった。

記述はこのあと、少年時代、ある日ようやく砂糖を手に入れた輪島が「そのまま舐めるのはもったいなさすぎる」と迷い、その砂糖をうどんの玉にかけることにしたというエピソードに接続する。そしてこの文は、「今でも、オヤツで一番の好物は、うどんに砂糖をかけたやつなんだ」という輪島のセリフで終わっている。

現在の読者が、ここの個所をどのように読むのかはよくわからない。しかし、一九七六年、二八歳の若きノンフィクション・ライターがこう書いたとき、一九五〇年にいわれた当時大蔵大臣であった池田勇人の「貧乏人は麦を食え」発言の記憶はまだ生きていた。ここは同年代の人間の目からいうと、自分の家は、かなり貧しかった、と読める。これに対し、そうか、俺もかなり貧しかった、というのが、筆者の受けとり方でいうと、輪島功一がこれに「君は塩か。俺は砂糖だ」と返している両者のやりとりのもつ意味である。

しかし、右の引用部分に「貧しい」という表現はない。「無理な借金をかかえて、ぼくの家では工員の父親の僅かな給料では普通の生活ができなかったようだ」。空中高く張られた細い綱の上を、前方を見据え、揺らぎもせず、一人の清楚な若者がゆっくりと渡っていく。不思議と静謐で、同時に、緊張と切迫が感じられる。そこでは「貧しい」という語が、避けられているというより、もっと強い自制の心で、用いられていない。『無名』の読者にはわかるはずだが、書き手はこのとき、この文章を、いずれ読書家の父が読むだろうことを、どこかですでに――無意識のうちに、――意識しているのである。

この個所が、この文章が書かれた一九七六年当時、どのように読まれたかはわからないが、もし筆者がこのくだりをこのとき目にとめていたら、かすかなショックを味わっただろう。いつ頃耳にしたのか、沢木が大学卒業後、大手一流企業を一日でやめ、フリーランスのライターになったという話は筆者の耳にも聞こえていた。沢木はいかにも大手一流企業の面接をさっそうとパス(合格)したうえで、そこを一日でパス(通過)する若者のような風情を漂わせていた。そのようなあざやかなエピソードにも影響されたのだろう。少なくとも筆者の目に、沢木は、それほど生活に困らない、東京生まれの、どちらかというと貧困でない、中流以上の階層の出身と映っていた。その沢木が、「塩をかけただけの白米」の御飯を食べるような貧困の経験者だとは。というより、そのような貧困の家庭の経験者だとは。

このくだりを読んで、筆者のなかで、何が氷解したか、といえば、なぜ同世代でありながら、つまり、なぜあの学生運動全盛の時期を過ごしながら、沢木に、たとえば全共闘運動だとか新左翼学生運動だとかというものが、関心をもつに値しない、気楽な児戯に類したものと見えていたか、ということが、よくわかった。たとえば彼は、ほぼ同時期に、高橋源一郎と同じ横浜国立大学に身を置いている。しかし、逮捕を繰り返し、大学を中退する高橋と異なり、七〇年前後の大学紛争には「どの局面においても本質的に関与することはなかった」、そう本書に書かれている。そういう彼だから、卒業すると、一日で大企業をやめ、ノンフィクション・ライターの世界に入ると、早くも一九七二年という時点で、イシノヒカルという三・五流のサラブレッドの敗北に終わる闘いのノンフィクション・エッセイを書くべく、厩舎に赴くことができた。そういうことがよくわかったのである。

2

『無名』は、一九九八年一一月のその「工員の父親」の八九歳での死を描いている。きっと人間の心にはある数学の動きに対応するものがあって、不思議なことに不思議なことを自乗すると、それがわれわれの心に不思議でない普通の外貌で現れるらしい。この本はそういうふつうの何でもない様子をして、われわれの前に現れ、われわれの心にふれてくる。

沢木の卒論は、カミュを扱うものだった。何でもよく知っている坪内祐三がそう書いているから、きっとそうなのだろう(「文学を探せ」第一七回、『文學界』二〇〇〇年一二月号)。いまでいうなら、サッカー選手のジダンなど、アルジェリア生まれのフランス人は、アルジェリアがもと植民地だったころ、フランスで pied noir（ピエ・ノワール）と呼ばれ，外からは窺い知れないある種の軽視の対象となっていた。カミュは，その植民地アルジェリア生まれ，そのような軽視にふれる経験をもつ小説家である。カミュがノーベル賞を取ったとき，取材を受けたカミュの母が，自分は新聞を読まない，そういうことには関心がない，とコメントを拒否したという話をどこかで読んだおぼえがある。筆者の考えでは，『異邦人』は，カミュの母恋いの記ともいえる作品だが，この本に描かれた沢木と父の関係，そして沢木のこれまでで唯一の長編小説『血の味』に窺われる沢木の家との関係，とりわけ父との関係は，そのカミュの母との関係を思わせる。

本書で，沢木は，畏怖し，敬愛してやまない，その父のことを書いている。

本書に描かれる沢木の父は，戦前，通信機器会社の経営者の次男として築地で生まれ育ち，なに不自由ない生活を送った後，一代で財をなした父が死ぬと，会社が没落，戦後「戦災に遭ってすべてを失」ったあとは「京浜工業地帯の小さな工場」に働いて，つましい生活を送った人である。「特別な技能のない父は，単なる雑役夫的な工員でしかなかったはずだ。それまできれいで柔らかな指をしていたが，たちまち油で汚れ，ひび割れた手になった」。人を押しのけて前に出ることのできる人ではない。歯を食いしばって自分の好きな道に突き進むというある種の愚直な才能をもつ人でもない。「わざとらしいものや大袈裟なものが嫌い」な，世事に疎い，不器用な人だった。読書を愛し，正座した姿勢でいつも机の前で読書している。やがて，溶接に面白さを見出し，丁寧な仕事をする溶接工として，一目おかれ，独立して小さな下請けの仕事をするようになる。世の中から一歩身を引き，工場に通い，一日一合の酒と一冊の本を手に，妻と三人の子どもを支えた。外国人と見まがうような彫りの深い顔立ちとウェーブのかかった髪をもち、長身で、つねに端正なたたずまいを崩さない。「思い出してみると、父には一度も叱られたことがない。手を上げられたことはもちろん、大きな声を出されたこともない。それはいま考えても不思議なほど徹底していた」。

沢木からだけではない、沢木の二人の姉からも、沢木の母である妻からも、この人はつねに畏怖され、愛され、尊敬されている。

しかし不思議なことがないわけではない。

本書のなかで父と子はこんなふうに話す。

「どうかしましたか」

私が言うと、父が不安そうな声を出した。

「お母さんは？」

「帰りましたけど」

「そうか……」

母がいてくれないので不安を覚えているのだろう。

大工をしている沢木の義兄が見舞いに来る場面で、この義父思いの人は、父に、帰り際、「お義父さん、早くよくなってね」と普通の話し方をする。そう沢木に描かれている。しかし同じ沢木に描かれる沢木自身は、いわば「お父さん、早くよくなって下さい」と丁寧語で話す。それが父と子の常の対し方だったらしく、「いつだったか、私が父と話しているところを聞いた知人」が「ずいぶん他人行儀な話し方をするのですね」と「驚いたように言ったことがある」。しかしそれを聞いて沢木は驚く。「ごく普通に話しているつもりだったから」。

なぜ「普通」に感じられていたのか。

沢木は、父の死後、この父をめぐる自分を対象にしたノンフィクション・エッセイを書こうとするが、書き進むうち、自分の秘密にふれる。

そこが本書のクライマックスである。

なぜこういう話し方になっていたのか。畏れがあった。しかしそれだけではない……。

そのとき、私の頭の奥で弾けるように閃いたことがあった。そうか、そうだったのか、と思い至った。

沢木には二十代の頃から何年にもわたって夢想しているひとつのストーリーがあった。一五歳の少年の話で、少年が一人の不思議な男に出会い、男に奇妙な裏切られ方をして殺意を抱く。彼は、あるとき、これを小説に書いてみようと思い、原稿用紙に向かう。しかし、最後、「思いもよらない展開にな」る。少年は、男ではなく、父親を刺してしまうのである。「どうして少年は男ではなく父親を刺してしまうのか。私は自分でもよくわからず、小説は最後の最後で途絶してしまっていた」。しかしその理由が、父親の死に出会い、こうして父について書いているいま、彼に天啓のようにあかされる。沢木はこれを「父の死に顔を見ながら」そのことに納得したと書いている。それはそうなのだが、それでもその言い方は十分に正確ではない。彼はそのときこのことに気づいているのだが、いわば、その気づき（覚醒）の意味については、これを書いているいま、『無名』の執筆時に、ありありと、それにはじめて、十全に、気づいているのだからである。この覚醒のくだりにはそう読む者をして確信させるある切迫した響きがある。つまり、その少年は彼の分身だった。

私の分身である少年はどうしても父親を刺さなくてはならなかった。なぜなら、健気な少年であった私は、小説の少年を通してただの一度もしたことのない反抗をしようとしていたからだ。私は健気な少年であることを永く引き受けてきた。（中略）畏怖する父親は同時に自分が守らなくてはならない父親でもあった。私は、その絶対的な矛盾の中にあった少年時代の私を救出しなくてはならなかったのだ。

この作品の終わり近く、沢木は、レイモンド・カーヴァーの「二十二歳の父の肖像」という短編に出てくるカーヴァーの詩句を村上春樹の訳で引いているのだが、右の戦慄的な自己発見は、筆者に、二〇〇二年に書かれた村上のやはり不思議な父殺しの物語である『海辺のカフカ』を思い出させる。むろんここにいわれる「最後の最後で途絶してしまっていた」小説とは、その後、二〇〇〇年に『血の味』として発表される沢木自身の小説をさしている。沢木のこの小説では、村上の小説同様、一五歳の少年が父を殺す。母親はそれに先立ち、離婚して、姉妹だけを連れて家を去っており、少年は父と二人で住んでいる。そしてその父殺しの物語は、「私の記憶は容器に入れられ封印されている」と感じる語り手によって、語られる。むろん違いもたくさんある。しかしこうもいえなくはないだろう。その一番の違いは、村上の小説の父が、世界的に有名な彫刻家であるのに対し、沢木の小説の父は、徹頭徹尾、無名な人間であることだと。

なぜなら、そのことは、村上の小説の主人公の父殺しが、父を憎むことの表現であるのに対し、沢木の小説の主人公の父殺しが、父を憎むことができないことの表現であることを、おぼろげながら、示唆する違いでもあるからである。

3

冒頭に述べた公開講義では、「関係の原的負荷」という新しく思いついた概念について述べた。「関係の原的負荷」とは、こういうことである。

親が子供のために何かをするというのは本能で、もともとは無償のものである。しかし、近年はだんだん親の本能も子としての野性も弱ってきているところから、それが子供からすると、愛情として、有償のものとして、受けとめられるようになる。すると、親子というどんな人間にとっても原的であるはずの関係が、子供にとっては、初原的な負荷になる。さて、これを、親子関係を関係の原型と見なしたうえで、一般に関係における「原的負荷」と名づけてみよう。すると、親と子の関係には、かつては親が子供を理不尽に抑圧する、これに対して子供は反抗する、という近代的な範型があったのに対し、いまは、親が子供のことを心配している、子供がそれをひしひしと感じ、それが逆に負荷となって子を縛る、ということとちょうど逆の脱近代の範型が現れるようになってきたことが見えてくる。

この親からの原的な負荷、負い目は、そもそも弁済不可能である。そのうえ、いったん内在化されると、自分から切り離せない。子供がこれをナシにしようと思えば、自分を消すか、親を殺すかしかなくなる。親と子の関係が原的な負荷を帯びるようになるとどうなるか。近代的な親への反抗は姿をひそめる。その代わり、反抗を不可能にする親への負い目が、他に表現の出口がないため、子供の自分殺しの一方法としての、親殺しとなって噴出してくる……。

筆者はこういうことを、そのとき、大学の教室で、近年の少年犯罪や小説の動向を考える補助線として、仮説的に述べたにすぎない。しかし、そのようなことを考えたとき、筆者の脳裏に、岸田秀、伊丹十三、鶴見俊輔といった人々と一緒に、沢木耕太郎の名前があった。彼らは親に反抗するのではない。彼らは親に反抗しない。できない。そのことで一種の親殺しに導かれる。

むろん、『無名』は、ここに書かれた書き手の父への思いによって筆者の心を動かす。しかしここにはそれだけではない、ある新しい文学の胎動もひそんでいる。新しい自己への注視が、ノンフィクションという形式と合体し、一九九五年の『檀』というこれも興味尽きない試みから、二〇〇〇年の『血の味』をへて、二〇〇三年の『無名』へと底流している。第二次世界大戦の後、大量死の時代が来て、一人一人の尊厳ある死が贅沢なものと感じられるようになった。そのこと、つまり、ただの意味ある死がもはや不可能になったことを「死の不可能性」と要約したうえで、あるフランスの思想家が、そうである以上、もう文学(の近代)は終わったのではないか、という意味のことを述べたことがある。しかし、これと同じく「反抗の不可能性」が、文学の近代性を終わらせたという側面もなくはない。沢木のノンフィクションは、それ自体がこうした反抗の不可能性の所産である。以上、簡単だが、そういうことを誰かが指摘しなければならないと考え、この解説を書いた。

(沢木耕太郎『無名』幻冬舎文庫、二〇〇六年八月)

小説が時代に追い抜かれるとき
――みたび、村上春樹『色彩を持たない多崎つくると、彼の巡礼の年』について

1　三つの同心円

村上春樹『色彩を持たない多崎つくると、彼の巡礼の年』を取りあげる(以下、書名として述べるばあいは『多崎つくる……』と記す)。

この作品について書くのはこれで三度目である。この小説は、三度読んだ。一度目は出た直後、四月に読んで(二〇一三年)、一つ寸評を新聞に寄稿した(朝日新聞、後出)。

その後、大学のゼミで学生と一緒に読んだが、そのときの学生からの反応に刺激され、再読した。そこで、今度は、この小説の終わり方に違和感をおぼえ、六月にやや長い評論文をインタビューへの応答の形で寄稿した(「一つの新しい徴候」『村上春樹『色彩を持たない多崎つくると、彼の巡礼の年』をどう読むか』河出書房新社、二〇一三年六月)。

しかし、まだかすかな不審、不全感のようなものが残っていたらしい。七月に、今度は授業の形で、数十人の学生と一緒に、他の同時代の小説と一緒に、三度目に読んだのだが、そこからみたび、これまでと違う感想をもつことになった。

都合、三度読み、三回まで、新たな感想を抱いたことになる。私のなかに、その三つの感想が、同心円状に重なりあっている。つい最近、その三つ目の感想の一端をある場所で語ったが（対談『村上春樹 新作長編の読み方』（原武史）、朝日カルチャーセンター横浜、二〇一三年一〇月五日）、ここで書いてみたいのは、その同心円の形と、三度目の読書でたどり着いた違和感と、留保点である。

自分なりには、ここで少し、面白い問題にぶつかったかと思っているのである。

2 第一の円

まず外円のほうからみていこう。

一回目。四月の初読の際に私にあったのは、次のような解読のラインだった。

二〇一一年四月に『村上春樹の短編を英語で読む』という連載を終えた時点で、私は、村上のぶつかっている問題は、彼が自分について「人を無条件に心から愛することができない人間なのではないか」と考えるようになったことだと見ていた。

現時点（二〇一三年一一月）で彼の短編の最後をなしているのは二〇〇五年九月に書き下ろしの形で短編集『東京奇譚集』の最後に収録された「品川猿」である。そこで、彼は、これまで人に嫉妬を感じたことのない、自立した人間を自任してきた若い女性（みずき）が、じつはそうではなく、逆に傷つくことをおそれ、自分のなかの真実を直視するのを避けてきたことに気づかされ、深甚な魂の危機に瀕する物語を書いている。

名古屋に住む主人公の女性が、高校入学時に母から自分の母校でもある寄宿舎制の横浜の女子高校に行ってはどうかといわれ、家を出る。しかしそれは、母と姉に自分があまり愛されていないことからくる、ていのよい「厄介払い」の提案だった。彼女はそのことを心の底でうすうすわかっていた。しかしそのことを認めたくないばかりに自分のなかで抑圧し、押し殺していた。自分でもそのことは「ないこと」としていた。そのため、彼女は、以後、人に心を開かない人間になってしまう。傷つくのをおそれ、自分の周りに隔離帯をめぐらす人間になってしまうのである。それで彼女は、先に述べたように、人に嫉妬を感じなかったのである。

そういうことを、後年、結婚後、ふとしたことがきっかけで、自らの名前を思い出せない精神疾患を患うことを通じて、彼女は、思い知る。

彼女にそれを教える「猿」は、そこで、こういう。

「そうですね？　でもそのせいで、あなたは誰かを真剣に、無条件で心から愛することができなくなってしまった」と。

さて、ここで私が注目したのは、この女性の主人公が住むことになる寄宿舎での「位置」と「自任」の仕方が、『ノルウェイの森』における主人公ワタナベの寄宿舎での「位置」と「自任」の仕方と相同的だという点だった。女性、男性の違いはあるが、両者はともに、あまり目立たないキャラクターで、一つ、寄宿舎内で一番あこがれの対象になっているようなヒーロー（ヒロイン）的存在、いまふうにいうならスクールカーストのトップランクの人間に無関心であるため、逆に、彼（彼女）の注意を引く。そういう「位置」に身を置く。そして、そのことの「自任」の仕方が、なぜか（自分は）世間的にすばらしいとされる存在に「嫉妬も感じない」し、無関心だ、つまり世間的評価から超脱しているようだ、というものとなる。

そのことは、「品川猿」では、後に主人公のマイナスの属性(心の壁をはりめぐらしていたことの副作用として嫉妬を感じなかった)の指標であったことが明らかになるが、『ノルウェイの森』では、自立していて世間的な評価に無頓着という主人公のプラスの属性の指標として語られていた。したがって、このことに関して、村上の評価は、反対になったことがわかる。

しかし、これは、他人や世間の評判に無頓着で、自分のスタイルを堅持しているという以前の自己評価を、逆転させたということを意味していよう。

というのも、「品川猿」の主人公は、女性ではあるけれども、明らかに村上の分身的な位置にある。村上の短編に出てくる女性名で、村上自身の名(春樹、ハルキ)と同じく、樹木名、三文字、キで終わる名前には、作者の分身であるという傾向がある。短編集『神の子どもたちはみな踊る』の「タイランド」の女主人公「さつき」がその例だが、「品川猿」の「みずき」も同様だというのが、私の判断である。

私は、村上が、自分は人を無条件に愛せない人間なのではないか、という自己発見をもつにいたった、そのことの結果、「品川猿」が書かれていると受けとめている。

そう考えたのには理由がある。次に書かれた『1Q84』で、主人公天吾は、BOOK2の最後、危篤の床にある父に自分の最終的なヒミツを告白するのだが、それが、このことだからである。

天吾は、みずきにみずきの真実を語るあの「猿」とほぼ同じいい方で、同じことを、父にいう。

僕にとってもっと切実な問題は、これまで誰かを真剣に愛せなかったということだと思う。生まれてこの方、僕は無条件で人を好きになったことがないんだ。この相手になら自分を投げ出してもいいという気持ちになったことがない。ただの一度も。

（傍点引用者）

「誰かを真剣に」「無条件に」心から愛せない、好きになったことがない、と村上の作品の主人公が、二〇〇五年の短編で「猿」にいわれ、また、二〇〇九年の長編では、自ら告白している。

私は、二〇一一年に上梓した『村上春樹の短編を英語で読む』の最後の章で、このことを指摘し、村上が、デタッチメントからコミットメントへと姿勢を変えた後、最終的にどのような自己発見にぶつかったか、その突端の問題がここに顔を出している、ということを示唆して、この本を締めくくっている。

したがって、『多崎つくる……』が現れたとき、私は、自分の受けとめ方が、そう間違っていなかったと思った。この小説はまさしく、あることがきっかけで以後傷つくまいと心を閉ざし、その代償として誰にも心を開いて「無条件に愛すること」ができなくなった主人公が、その自分の心の壁を乗り越えようとする話を主軸にしていたからである。私は、この小説を、当然ながら村上がこの「問い」に正面から立ち向かったものとして受けとめた。

『多崎つくる……』は、名古屋で仲良しグループを作っていた五人組の仲間から故もなく排除された多崎つくるが、その後、心に壁をめぐらした形でなんとか生き延びるが、木元沙羅という女性に出

「人を真剣に」会い、何とかその自分の「壁」を超えて、今度こそ――というのもおかしいが――「無条件に」「心から愛そう」とコミットしようとする物語である。これを、私は、ひとまず、三・一一を受けてのさらなるコミットメントの一歩と評価した。これが三つの同心円の第一の円にあたる私の受けとめ方であるが、それは、こうした背景があってのことだったのである。

そのときに述べたのは、次のような感想である。

一九九五年の阪神大震災のあと村上は、社会とのかかわりに向け一歩踏み出したが、その結果、もう一段深い課題が浮上した。それは「無条件に人を愛せない」という短編「品川猿」や『1Q84』の主人公の問題として表れた。

多崎つくるも同様の不能感を抱えるが、最後、恋人に「君のことが心から好きだし、君をほしいと思っている」という。「誰かから心底の愛を得ることができるか」から「誰かを心底愛せるか」へと軸足が変わってきている。今、恋愛とはそういう問題になっているのではないか。自分の周りにめぐらしている隔離帯をどうやって解除できるか。そこに新しい問題があるとこの小説はいっている。

村上は、こう東日本大震災を自分の問題として受け止めた。その結果『1Q84』の続編計画が消え、そしてこの小説が書かれた、と見ることもできる。

（「恋愛の性質、能動的に変化」朝日新聞、四月二三日）

3　第二の円

さて、年代記ふうに記すと、その直後、四月二六日に、私は大学のゼミに友人の原武史さんを迎えてこの作品の講読を行っている。四月中旬の初読に基づき、それをゼミの学生、院生と一緒に講読したわけである。

村上春樹は、いまの学生にはほとんど読まれていない。事実、このときも、若い学生の多くは、村上作品としては初読だと答えている。このときの、学生とのやりとりで、学生、院生からだいぶ距離をおいた反応がきたことが、私を驚かせた。彼らの何人かが、こういったのである。

この小説の多崎つくるの恋人への対し方には、少し過剰なもの、暴力的なものを感じる(つまりマッチョである)、簡単にいって、こんなふうに真顔で「無条件に」アプローチされたら、相手は、誰でも「引く」のではないか——。

さて、この感想と、右の私の読み方との関係は、どのようなものになるのだろうか。

私は、村上のモチーフを私なりに追ってきた。すると、村上は、これまで自分は、クールな自分を自任してきたのだが、じつは、他人のことを本当には考えてこなかった。とんでもないバカだったのではないか、という反省を、一九九五年に改作した「めくらやなぎと、眠る女」で明らかにすることになった(これについては『村上春樹の短編を英語で読む』第12章「マニフェストと小さな他者」を参照のこと)。

そして、そのあと、彼は阪神・淡路大震災を機に、社会にコミットメントを行うようになるが、今度は、その果てに、自分は、じつは当初から傷つくのをおそれるあまり、他人に無条件に一〇〇パーセントコミットすることを避けてきたのではないか、という恐ろしい自己発見にたどり着く。そして思う、その結果、自分は、「無条件に人を愛する」ことのできない身体になってしまったのではないか、と。

私にみえてきたのは、そういう村上の像だった。それが私のささやかな発見だったのである。

そういう私から見ると、今度の作品は、「傷つかないために張られてきた予防線」を自ら超えようとするひそかなコミットメントの作品と映る。これが私にとっての分析視角、この作品へのシューティング・スポット(狙撃地点)だったが、そこに、そういう手前勝手なコミットメントで人に迷惑をかけられても困るという、冷めた声が寄せられたのである。

端的にいって、私は虚を突かれた。

当初、私の評価と学生達のひややかな反応がどう切り結ぶのか、私にはよく見えなかった。しかし、その落差が日を経るにつれ、だんだん、気になってきた。私はそれで、ほどなく、もう一度、この作品を読んでみることになる。

その四月下旬の二度目の読書から生まれたのが、その直後に談話の形で述べた前記の河出書房新社本に寄稿した「一つの新しい徴候」と題する『多崎つくる……』の論で、これが私の受けとった作品受容の第二の円となる。

そこで私は、この作品に対する私の評価には、よいニュースと悪いニュースの二つがあると述べている。このうち、よいニュースは、右の第一の円での評価、「一歩踏み込んでのコミットメント」をさしている。しかし、これに悪いニュースが加わる。

次のようなことである。

『多崎つくる……』を最後まで読むと、最後の最後に、つくるが沙羅に求愛し、その答えを待つシーンに、フィンランドでのエリとのやりとりが挿入される。それがよく考えると、いよいよ不自然に思えてくる。そこには、こうある。

「ねえ、つくる、君は彼女を手に入れるべきだよ。どんな事情があろうと。もしここで彼女を離してしまったら、もう誰も手に入れられないかもしれないよ」

エリはそう言った。彼女の言うとおりなのだろう。何があろうと沙羅を手に入れなくてはならない。それは彼にもわかる。しかし言うまでもなく、彼一人で決められることではない。それは一人の心と、もう一人の心との間の問題なのだ。与えるべきものがあり、受け取るべきものがある。いずれにせよすべては明日のことだ。もし沙羅がおれを選び、受け入れてくれるなら、すぐにでも結婚を申し込もう。そして今の自分に差し出せるだけのものを、それが何であれ、そっくり差し出そう。深い森に迷い込んで、悪いこびとたちにつかまらないうちに。

「すべてが時の流れに消えてしまったわけじゃないんだ」、それがつくるがフィンランドの湖の畔で、エリに別れ際に伝えるべきこと――でもそのときには言葉にできなかったことだった。

「僕らはあのころ何かを強く信じていたし、何かを強く信じることのできる自分を持っていた。

そんな思いがそのままどこかに虚しく消えてしまうことはない」
彼は心を静め、目を閉じて眠りについた。意識の最後尾の明かりが、遠ざかっていく最終の特急列車のように、徐々にスピードを増しながら小さくなり、夜の奥に吸い込まれて消えた。あとには白樺の木立を抜ける風の音だけが残った。

（三七〇頁、傍線は引用者）

しかしこの傍線部は、なくてよいのではないか。というよりも、あってはいけないのではないか。
そこで私は、右の「一つの新しい徴候」では、この部分を、傍線部分を除く形で引用している。ここがなくとも、最後につながり、小説が成り立つことを示したのである。

成り立つ、しかし、弱い。それでこの部分が入っているのだ、と。

ここは、つくるが一歩を踏み出そうと、沙羅に求愛し、沙羅の答えをただ一人、誰からのささえもなく、よるべないままに、待っている場面である。引用部分の冒頭にあるエリの言葉は、沙羅を「手に入れよ」とつくるの背を押すエリの助言なので、内容は賛成できないとしても、これは、あってよい。しかし、その後にくるものだから、何となくエリつながりでうかうかと読んでしまうのだが、それに続く、傍線部のエリとのやりとりをめぐる言葉は、ここに入ってくる理由がまったくない。

むしろ、つくるのよるべなさが、ここでこの小説にとってどういう意味をもつのか、ということが、見えなくなるという意味では、入ってこない方がよい。

最後に、われわれが青春時代に何かを「信じていた」ことの意味は消えない、というポジティブな言葉がくると、なんだか、この小説の最後を飾るメッセージのようにみえるが、これはこの小説の身体が必要としたものというよりは、この小説を終えるために作者が注入した「カンフル注射」のようなもので、外在的な栄養分の投下、つまり、ドーピングである。

そこで、診断はこうなる。この小説には何かの弱さがあり、それが、作者に最後、こうした外在的なドーピングを必要とさせている。このドーピングは、この小説に意味のない「能動的な姿勢」を与えている。これは、よくない徴候なのではないか、とそう、私は書いた。

ここに「能動的な姿勢」というのは、これまで、イェルサレム賞受賞スピーチ「壁と卵」でも、カタルーニャ賞受賞講演での反原発宣言でも、村上は世界に対し、日本を代表するかのような「能動的な姿勢」を示してきており、それは空疎ではないかという批判があったことを念頭においた言葉である。

かつて大江健三郎が村上の小説をとらえて、戦後文学のアイデンティティともいうべき「能動的な姿勢」が欠けていると述べた(「戦後文学から今日の窮境まで——それを経験してきた者として」一九八六年)。そこでの指摘が出典である。

村上は、去年(二〇一二年)も、尖閣諸島で日中関係の緊張が高まったときに文章を発表し、東アジアの平和に向けての希望を述べるという「能動的な姿勢」を示したばかりである(「魂の行き来する道筋」)。

私は、これについて、たしかにやや単純化されたメッセージではあるけれども、村上がこうした発言を小説の外で行うことには、ある挑戦の意味があると思っている。そのため、これを批判しようとは思わない。

しかし、その単純な姿勢が、小説にまで及んでくるのは、黙視できない。小説とは、少なくとも、村上にとって「小さな声」で語られるささいなことがらを尊重する媒体だったたし、そうであるところに、村上の小説の力はあったし、現に、あるからである。

しかし、どうもこの作品で、村上は、これまでになく、ある「肯定的なもの」「能動的なもの」への安易な同意の姿勢を見せている。それが、灰田と緑川の出てくる章が、その後、進展せず、小説のなかに異質な部分として孤立したまま残された理由でもあるのではないか。

簡単にいえば、そう私は考えた。そこで、そのことを、悪い方のニュースとして「一つの新しい徴候」に指摘した。

4 第三の円

しかし、その後、さらに私の考えは、深まることになる。七月になり、今度は数十名の学生と同時代の小説を毎週一冊ずつ読んでいくという授業で、この『多崎つくる……』を取りあげることになり、教師の勤めとしてみたび読んだのだが、違う環境のなかで他の同時代の作品と合わせ読むことで、先に学生、院生から提出された違和感には、一つの新しい意味があると、その理由にふれた思いがしたのである。

それは、こういう形をしている。

いまの若い人間にとって「恋愛」はかなり難しいものになっている。はっきりいえば、鬼門である。

たとえば、私の学生の一人はその卒論に、「恋愛は自分にとっては苦手だ」という意味のことを書いている。念のためにいえば書き手は、女性である。

村上の短編集『パン屋再襲撃』の表紙は、佐々木マキの手になるものだが、図1のようになっている。潜水服とも宇宙服ともみえるものをまとった男が、ふつうの町並みに立っている。傷つくことが怖いばかりに、自ら防壁を作った男が、そこにはいる。それが、この短編集に収められた作品の隠された主題を作っている構図だと、装丁の佐々木マキは考えたのである。

しかし、そういうなら、いまは、若者の誰もが、傷つくのが怖いばかりに、本心をいえず、空気を読み、他人からの格づけに敏感にスクールカーストと呼ばれるある意味ではばかげたとも過酷ともいうべき位階制の社会に生きている。そういう世界は、綿矢りさの『蹴りたい背中』(二〇〇三年)あたりからはじまって、最近の吉田大八の映画『桐島、部活やめるってよ』(二〇一二年)などを生むまでになっている。

図1

そういう思いが、たとえば津村記久子という小説家への若い読者の支持をささえているのだろう。津村については、またいつか考えたいが、たとえば彼女の『ワーカーズ・ダイジェスト』(二〇一一年)では、二人のサラリーマンの男女が、最後、ぼんやりとした共感をおぼえて再会するところで終わるが、これが恋愛にはならないことが、読者には、一つの可能性として受けとられている。そういう読みを、私の周辺の若い読者は示している。「恋愛」までにいかないでも「共感の関係」が成り立つことが、そこでは一つの救いだ。というより、それが「恋愛」でないことが、一つの達成なのである。それくらい、いわば空気の薄い世界に、彼らは住んでいる。それが生の条件である。

ところでここで、こう夢想してみよう。

もし、村上が、そのような場所で、自分の問題にぶつかったのだとすれば、この「無条件の愛」問題は、どう考え進められることになるだろうか。

そのばあい、彼は、こう考え直すのではないだろうか。

村上は、コミットメントをした果てに、自分は殻を持っていて、傷つくことをおそれ、無条件に人にコミットできずにきたのではないか、という深刻な自己発見にぶつかった。

そして、自分の殻を壊し、他人との隔離帯をなくして、人にコミットしようとする人間を、恋愛の相で描こうとした。

でも、こう思い返す。ほんとうは、誰もが、いまでは人を無条件には愛せず、自分と同じように、そのことに苦しんでいるのかもしれない。だから、ほんとうは、沙羅も、無条件に人を愛するようなところにはいないし、人から無条件に一〇〇パーセント愛されることを躊躇なく受けとめられるような場所にはとても、立ちきれていないはずだ。いまでは、一〇〇パーセント愛する、とか、愛されるとかということが、それを無前提に相手に求め、自分に求めすることが、すでに過剰で暴力的、つまりマッチョなのだ。

そしてそれが、「誰かから心底の愛を得ることができるか」ということのほうが問題だった『ノルウェイの森』から、「誰かを心底愛せるか」ということが問題になってきた『多崎つくる……』への問題構成の違いのもつ、より深い意味なのだろう。

だから、このように迫られたら、沙羅は、困惑する。少なくともつくるは、そういうところにも想像力を働かすのでなければならない。そうでなければ、つくるはここで、終了間際の『巨人の星』の星飛遊馬のように、外が見えなくなるまでに自分を追い込む、かなりアブナい人になってしまうだろう。こんな具合に（図2）。

図2

そういう人に愛を告白され、愛を迫られたら、誰もが「引く」だろう。だから、つくるも、自分のそういう弱さを克服しようとするのではなくて、むしろ、この弱さを受け入れるほうが、よい。さらなる一歩のコミットメントとは、この自分の弱さを克服することではなく、この自分の弱さへこそコミットメントすることなのだ。

村上は、そう思い返すのではないだろうか。

いまは、誰にとっても無条件に人を愛することのほぼ不可能な時代である。そうだとすれば、この弱さと苦しみのなかへのコミットのほうが、その弱さを克服し、乗り越えることよりもより深いコミットメントとなる。というより、弱さと苦しさにコミットすること、そのことがこれを「深く克服すること」の第一歩なのである。

そう考えると、これが『世界の終りとハードボイルド・ワンダーランド』の最後の、僕の影との別れでの、「自分はこの弱い心の場

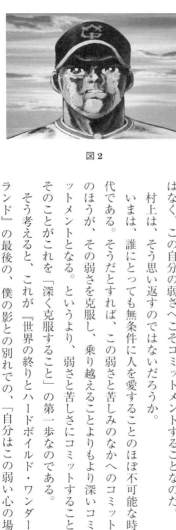

所に残る」という対応に重なるようにも、見えてくる。そして、なぜ、ここでの多崎つくるのコミットが、普通の世間のなかで考えられたふくらみのある「不安な決定」というより、先験的な理念に経験から離れて動かされた「貧しい正解」というように見え、その分、ポリティカリィ・コレクトなものと映ってしまうかの理由も、わかってくる。

5　現在の評価

もしそうなら、次のような結末もありえただろう。

この私の想定するありうべき『多崎つくる……』では、つくるは、自分の弱さが、自分の殻を壊せないことだと気づく。と同時に、自分の殻を壊そうという努力が、相手である沙羅には暴力的なコミット、マッチョなコミットとして働きかねないことにも気づく。自分が自分の問題を解決するために沙羅を巻き込むのだとしたら、それは一つの暴力だろう、と彼は感じる。「ねえ、つくる、君は彼女を手に入れるべきだよ。どんな事情があろうと。」というエリのアドヴァイスは、これも、いまや、この場所から見れば、いかにも一九六〇年代後半的なマッチョさをもつものであることは明らかである。フィンランドまでいって、得られるだろう助言ではない。

「僕らはあのころ何かを強く信じていたし、何かを強く信じることのできる自分を持っていた。そんな思いがそのままどこかに虚しく消えてしまうことはない」

という考え方じしんが、鈍感でもあれば暴力的でもあり、マッチョだと聞こえる場所に、いま、読者は生きているのである。

フィンランドとは、この小説で、そういう場所であるべきなのではないか。だから、ありうべき非マッチョなエリなら、こういうはずである。

――ねえ、つくる。君は、君の問題を、自分で解決するしかない。それに彼女を巻き込むべきじゃないよ。でも、君が、そう思って、一人で耐えようとしたら、それを見て、彼女が、君を助けてくれようと思うかもしれない。そうしたら、君は、その気持ちをありがたくもらうべきだ。それが君のコミットメントになるよ。

村上の『多崎つくる……』を、いまなら私は、こう評したと思う。

一九九五年の阪神大震災のあと村上は、社会とのかかわりに向け一歩踏み出したが、その結果、もう一段深い課題が浮上した。それは「無条件に人を愛せない」という、短編「品川猿」や『1Q84』の主人公の問題として表れた。

多崎つくるも同様の不能感を抱えるが、最後、恋人に「君のことが心から好きだし、君をほしいと思っている」という。「誰かからの心底の愛を得ることができるか」から「誰かを心底愛せるか」へと軸足が変わってきている。村上はこの先のコミットメントの話を恋愛の小説として描いた。また、こう東日本大震災を自分の問題として受け止めた。その結果『1Q84』の続編計画が消え、そしてこの小説が書かれた、と見ることもできる。

しかし、もう少しいえば、いま恋愛とは、「人を無条件にはもう愛せなくなっている」男女同士が、そのことを自分に認めながら、相手を受けとめようとするところに、もうひとつの焦点がきているのではないか。自分の周りにめぐらしている隔離帯をもちながら、どう相手を認めあえるか。そういう新しい関係が、愛の普遍的な問題と一緒に、現れてきているともいえる。そこから、目が離れている分、この小説は少し硬直している。その分、若い人には、ピンとこないものになっているかもしれない。そこで、この小説が時代に追い抜かれていることは、十分にありうる。

村上に可能なのは、「無条件に愛する」のうちに、一つのためらいを加えることだ。また、「無条件に愛せない」のうちに、一つの踏み込みを加えることだ。いずれにしてもそこでコミットメントは、二重になる。その二重性があれば、基本的には大丈夫なはずである。

（『シンフォニカ』第一号、二〇一三年一一月）

「居心地のよい場所」からの放逐——村上春樹『女のいない男たち』

前作『色彩を持たない多崎つくると、彼の巡礼の年』からちょうど一年、この小説家としては九年ぶりの連作短編集である。必ずしも秀作揃いとはいえないが、かなりの激情をひめた、未来性ある一冊という評価が可能である。

配列順に「ドライブ・マイ・カー」を頭に、書き下ろしの「女のいない男たち」まで、六つの短編からなるが、まずそれぞれを単独に読む限り、悪くはない、しかし少しマンネリかな、とでもいうような、一種あてどない感想を読者はもつかもしれない。

展開されるのは、まえがきにいうように女性に去られた男たちを描く作品である。それらは一種奇異な感じを湛えるこの作家特有の短編としては必ずしもキレがよいといえない、ストライクとボールがはっきりした、好投手にも時に訪れるだろう、どちらかといえば不調時に属する投球内容の作品群である。

「ドライブ・マイ・カー」は堅固な細部に富むが、最後、登場人物が「女っていうのは」式のコメントを行うあたり、停滞しており、凡庸である。「イエスタディ」も狙いはわかるが比喩がユルく、話が全体としてもっさりしている。「独立器官」にいたってはユダヤ人強制収容所の経験をある意味で浅瀬で気安く渡りすぎており、ゲイの青年への鈍感な言及を含め、全体の記述が少々軽薄ですらある。最終の書き下ろし作もいま一歩。すると楽しめるのは残りの「シェエラザード」と「木野」くらいとなる。

とはいえ、執筆順序からすると第一作とともにはじめに書かれたらしい第五作の「木野」は、そういう読者をも立ち止まらせるただならぬ力をもつ秀作であって、なぜこの短編集がかくも「不揃い」となったかをも考えさせる喚起力をひめている。妻に不実を働かれて会社をやめた主人公が都心の一角、根津に小さなバーを開く。しかしやがてこの自分の「居心地のよい場所」から奇怪な事情で放逐される。その理由を作者は彼が「正しからざることをしないでいる」ことに自足したからだと書く。彼はむしろ「正しいことをしな」くてはならなかったのだと。

そしてこの作品は、主人公が「おれは傷つくべきときに十分に傷つかなかった」、「本物の痛みを感じるべきときに」「肝心の感覚を押し殺してしまった」、「痛切なものを引き受けたくなかったから」だと思いいたり、最後、「深く」「傷つ」き、「涙を流す」ところで終わる。

作者は「居心地のよい場所」から自ら求めて追い出された。外は雨である。次に書かれる長編に私は期待する。

（日本経済新聞、二〇一四年四月二八日）

「きれいはきたない」——大江健三郎『晩年様式集』

大江さんの新作の書評を書かせてもらうのは久しぶりのことである。前作『水死』は、すぐに読めない時期だったために書評を断り、一年ほどしてから読んで、ただならぬ傑作とわかり、同じ雑誌にぜひ書かせてくれとお願いしたが、賞味期限切れということだったろうか、断られた経緯がある。今回の『晩年様式集』からも、私は『水死』に続き、えもいわれぬ肯定的な読後感を受けている。なにがこの肯定感の核心にあるものか。

最近の大江作は、これをいいあてるのが難しい。それが特徴の一つでもある。

前作『水死』を読んだときも似たことが起こった。それをどういえばいいのかを、そのときは、一緒に読んだ若い批評家に教えられた。彼はその後書いた『水死』論で、大江を「いわゆる「マクベス問題」(そういうふうに考えては、気違いになってしまうという問題)」をかかえ、崩壊していくマクベスになぞらえている。そして人生の最終局面で「「時代の精神」と全身全霊をかけてギリギリの勝負をした」と述べ、高く評価した(伊東祐吏「水死する大江健三郎」『三田文学』二〇一一年秋季号)。「きれいはきたない、きたないはきれい」ではないが、『水死』には、この無惨さこそがすばらしい、といわせる力がある。論題は、無難な評に本当の無惨な姿を見向きもされずに、当の大江が、批評の水底で「水死」しているヨ、というほどの意味である。

そこで大江は“These fragments I have shored against my ruins”（こんな切れっぱしでわたしはわたしの崩壊を支えてきた）といっている（エリオット）。前作での大黄さんの立ったままの水死は、弁慶の立ち往生を思わせるが、今回の作品でも、ボロボロでよれよれ。支離滅裂。その無惨ともいえる悪戦の姿が、その一番下の固い感触で私（「私ら」?）を動かす。

大江の作品は以前はしっかりとした形をもっていた。誰にも開かれていた。それがあるときから、自分の家族を描くものとなり、自作に自己言及するものとなり、二重に三重にとざされたものとなっていった。しかしそれは、日本の社会における「戦後」の姿に重なる。彼は、文字通り、「時代」に殉じる形で、ここまできたのだ。その落魄には根拠、ないし普遍性があるのである。それで、私のばあいだが、あるとき、「地」と「図」の反転が起こった。それまで物足りなさとみえていた「亀裂」と「破損」が、開かれたもの、可能性と、見えるようになった。

「大江の小説は、これまで読んできた人間にしかとても読めないじゃないか」

「しかし、誰が、なぜ、どのような心意で、そういう小説を書き続けるんだと思う?」

「ボロボロじゃないか」

「ボロボロだよ」

そう、そしてこの反転――晩年の成熟と完成の代わりに破綻とカタストロフィー（大崩壊）がくる――が、考えてみれば、エドワード・サイードが遺著に述べ、そこから大江が示唆として受けとり、タイトルにも選ばれている「晩年のスタイル」の肝なのである。

私は前作でのハイライトであった小説家の父（今回は古義人とは呼ばれずもっぱら長江さん、パパと呼ばれる）とアカリさんの衝突とそれ以後の不和が、新たな女性たちの反乱の呼び水となり、奇怪な私家版の雑誌創刊の企てをもたらしながら、最後、「和解」にいたる道行きに心動かされたが、同時に、その背後に、大江の小説世界のより大きな「亀裂」が再び姿をみせてくることに、いわば晩年様式《イン・レイト・スタイル》的な感動をおぼえた。

それは、一言でいえば「ギー兄さん」と呼ばれる小説の核心と、「吾良」と呼ばれる現実のモデルのあいだにある亀裂、——小説世界と現実世界のあいだの亀裂である。そこに主人公を入れると、大江の小説の原型である「おかしな二人組」がギー兄さん、吾良、古義人と「三人」になってしまう（一人はみでてしまう）不思議の背後にある、亀裂である。

もう少しいってみよう。吾良があるとき、小説のガラスを突き破って死者となってこの小説世界の根底的二人組のもとに「落下」してきた。そのことから生まれた、これは、想定外の亀裂なのである。作中、松山の塙吾良記念館（モデルは伊丹十三記念館）のガイドブックに古義人がほぼ登場してこないことが話題になる。古義人が自分は吾良からこのガイドブックを作った友人たちを「引き合せられる」ことはなかったなというと、吾良の妹で古義人の妻でもある千樫が返す。「そのかわり」、あなたも同様だった、「音楽家の篁さんなど、映画音楽でも名高い方でフシギでしたが、吾良はそうしたあなたの古くからの友人たちとは接触しなかった」。

篁のモデルは武満徹なのだが、事実、伊丹が監督した映画の音楽を武満が担当したことは一度もない。武満は初期作品「空の怪物アグイー」以来、大江の小説世界の核心に位置する友人だが、大江のなかで、この武満的な世界と伊丹的な世界は没交渉なのである。

ここにも三・一一の余塵はあるだろう。私は、彼の小説世界にメルトダウンを起こしかねないこの「亀裂」が、大江の「晩年の様式」のマグマなのだと思う。今回の作で、大江はこれまでもうすうす気づいていただろうこの亀裂に、はじめて正対し、取り組んでいる。

見よ、武満世界、伊丹世界、二つの側からそれぞれ、ギー・ジュニアとシマ浦、代理人の登場人物が、西回りと東回り、海を渡ってやってくる。二人は古義人の娘の真木の手で互いに今度は「紹介」され(引き合せられ)、「話し」をする。やがてどこかアカリさんが吾良に似てくる。そして余震の夢のなかでの彼の言葉が「アグイー」ではなくて「アカリ」であることが小説家の間違いとして指摘され、最後、ギー・ジュニアと真木の「婚約」が知らされる。晩年のスタイルは、いま自分のありかを発見したところである。えもいわれぬ肯定感はそこからくる。

(『文學界』二〇一四年一月号)

あとがき

この本は、二〇一六年夏から秋にかけて続けて岩波書店から出る三冊の本のうちの二冊目である。一冊目の『日の沈む国から』が「政治・社会論集」と副題され、三冊目の『言葉の降る日』が近年亡くなった親しい人々を中心に、人物論集めいた外装のもとに考えられているのに対し、文学・思想に関わる文章を集め、一冊としている。主に二〇一一年以降に書かれた、論考、エッセー、講演記録、文庫解説などからなる。

この本が頭に浮かべていることを一言でいえば、こうなるだろうか。

私たちはこのような時代を生きてゆくのにもう少し文学に親しむのがよい。最近ある人がツイッターに、「文学は、複眼でものを見る事を、人生には本当に様々な事があるという事を教えてくれる。文学は深い意味で寛容さの学校なのである」と書いていた。同時代の文学に接するだけでなく、たくさんの国の、さまざまな時代の文学に親しむこと。それがこういうインターネットの社会のなかでものごとをタフに考えるうえで、欠かせない、と思う。

この本は三つのセクションからなっている。

1の「災後と文学」では、震災後の社会における文学の意味について考えている。主な手がかりは、震災後、五〇〇万部を超えるベストセラーを記録した百田尚樹の『永遠の0』。また、震災後の日本における「感動社会の到来」ともいうべき社会の変化である。これに私たちはどのように向き合うのがよいのか。冒頭の一文「もう一つの「0」――『永遠の0』と島尾敏雄、吉田満」は、島尾・吉田両氏の対談を収めた『新編 特攻体験と戦後』の解説である。それを揶揄した評(「大波小波」)に反駁した小文、「一語の面白さ」を付している。

次の「復元話体のなかで――大震災と柴崎友香『わたしがいなかった街で』」は、この本の中心をなす長い論だが、柴崎友香の二〇一二年四月発表の表題作を扱う。この作品が、震災後の日本に現れた、震災に向きあった、最もすぐれた作品だというのが私の判断である。その理由とそのことの意味について書こうとしたら、こういうものになった。長くて後段は一見すると微細な作品の話体の分析になっている。論というものは黙っていると概念に負け、大きくなるのだが、大きくならない、小さいままにとぼとぼと歩む考察をめざした。この形のままでの発表にこだわった結果、書いてから数年を経過してしまったが、じつは人を介し、すでに作者柴崎さんの目にもふれている。しかし、その後もだいぶ手を加えたので、内容はそのときからもかなり変わっているはずである。

最後の赤坂真理の作品を論じた小論は、この問題を逆方面から取りあげている。この四本を合わせて、『永遠の0』と『東京プリズン』を並行的に考察した前著『日の沈む国から』冒頭のエッセー、「災後と戦後――33年後の「アメリカの影」」の問いかけに答える、一幅対になっている。

2の「文学の二〇世紀以後」には、ソ連の小説家ミハイル・ブルガーコフの作品にふれた「独裁と錯視――二〇世紀小説としての『巨匠とマルガリータ』」、そして英語で書く日本出身の小説家カズオ・イシグロの同時代作品を扱う「ヘールシャム・モナムール――カズオ・イシグロ『わたしを離さないで』を暗がりで読む」と、二〇一一年二月、大学の特別研究期間を過ごした米国のカリフォルニア州で書き、三・一一の以後に文芸誌に掲載した二つのエッセイを収めている。前者の論は、訳者の水野忠夫さんとの約束を果たすつもりで書いた。水野さんは、二〇〇九年九月二〇日に急逝されたが、続く学期中に、私の大学のゼミの『巨匠とマルガリータ』講読のゲストとして来られる予定となっていた。そこで私は、水野さんに、わが先生として、この作品につき、いくつか基本的にお尋ねしたい点があります、と告げていた。このエッセーでは遺された生徒として一人、先生のいないがらんとした教室で、お聞きできなかった答えの周辺を考えている。後者の論は、英文誌への寄稿の日本語原文である。原稿依頼を受け、封切られたばかりの映画「わたしを離さないで」を、やはりがらんとしたサンタバーバラの映画館で、一人鑑賞したうえ、小説の映画化ということを入り口にして書いた。

続く「「理論」と「授業」」は、二〇一二年に行った日本文学協会年次大会での講演の記録で、今回、後半に大きく手を加えている。加筆を行ったのは、今年のことだが、推敲しながら、これが二八年間にわたる私の大学の「授業」(講義)のまとめになっていると感じた。私は二〇一四年三月に勤めていた大学を離れた。「最終講義」は行わず、知人に案内し、少人数のゼミを少し拡大する形で鶴見俊輔の『北米体験再考』を読みあうことを最終の学びの場としたが、もし「最終講義」なるものを行っていたとしたら、そこで私の語っただろうことが、ここには述べられていると思う。最後におかれた表題の「世界をわからないものに育てること」は、旧知の友人、佐々木正さんの雑誌に寄稿した。

3の「時代の変わり目の指標」には、ここ数年に書いたなかから自分でも記憶に残る文庫解説、書評その他を選んでいる。日向寺太郎は長年黒木和雄の助監督を務めた若い監督で、彼の師の黒木さんは私にとって大切な読者だった。山田太一と沢木耕太郎は、ともにずいぶんと遅まきながらその真価にふれ、私が震撼させられた書き手たちである。これに、村上春樹、大江健三郎という、長年にわたり、親炙してきた大事な小説家の近作にふれた文章を加えている。

右のうち、三つの文章(「復元話体のなかで」初期形、「二〇一三年の赤坂真理『東京プリズン』」「「理論」と「授業」」)の初出媒体である『加藤ゼミノート』(後に『ハシからハシへ』)は、私が大学で教師をしていた頃から刊行している数十人の知友に向けた極小のウェブ媒体だが、今後、一部限定公開の形にする計画がある。また、二つの文章(「復元話体のなかで」推敲形、「小説が時代に追い抜かれるとき」)の初出媒体である『シンフォニカ』は、若い友人長瀬海くんの刊行するリトル・マガジンで、連絡先は nagase 0902@gmail.com である。

今回も、特に記さないが、収録の文章の執筆、掲載に際し、多くの編集者、記者の方々、友人たちに助けられた。また、岩波書店の編集部、坂本政謙さん、装丁の桂川潤さんに、前著に続き、今回もただならぬお世話になっている。記してお礼を申し上げたい。

最後に、この本を、二〇〇五年四月、早稲田大学に移ったあとの四年間あまり、鶴見太郎、堀江敏幸、太田雄三といった友人たちとともに、早稲田界隈で暖かい交友の恵みを与えて下さったロシア・アヴァンギャルド芸術の研究者で、年長の友人である、水野忠夫さんに捧げる。

二〇一六年八月

加藤典洋

加藤典洋
1948年山形県生まれ．東京大学文学部仏文科卒．現在，文芸評論家，早稲田大学名誉教授．『言語表現法講義』(岩波書店，1996年)で第10回新潮学芸賞．『敗戦後論』(ちくま学芸文庫)で第9回伊藤整文学賞．『小説の未来』『テクストから遠く離れて』(朝日新聞社／講談社，2004年)の両著で第7回桑原武夫学芸賞．ほかに，『僕が批評家になったわけ』(岩波書店，2005年)，『さようなら，ゴジラたち』(岩波書店，2010年)，『3.11 死に神に突き飛ばされる』(岩波書店，2011年)，『ふたつの講演 戦後思想の射程について』(岩波書店，2013年)，『吉本隆明がぼくたちに遺したもの』(共著，岩波書店，2013年)，『人類が永遠に続くのではないとしたら』(新潮社，2014年)，『戦後入門』(ちくま新書，2015年)，『村上春樹は，むずかしい』(岩波新書，2015年)，『日の沈む国から――政治・社会論集』(岩波書店，2016年)など，多数．

世界をわからないものに育てること
――文学・思想論集

2016年9月28日　第1刷発行

著　者　加藤典洋《かとうのりひろ》

発行者　岡本　厚

発行所　株式会社　岩波書店
〒101-8002 東京都千代田区一ツ橋 2-5-5
電話案内 03-5210-4000
http://www.iwanami.co.jp/

印刷・法令印刷　カバー・半七印刷　製本・松岳社

ISBN 978-4-00-061148-0　　Printed in Japan